W0069920

V&R

Wozu noch Journalismus?

Wie das Internet einen Beruf verändert

Herausgegeben von
Stephan Weichert, Leif Kramp,
und Hans-Jürgen Jakobs

Mit 31 Abbildungen

sueddeutsche.de

Vandenhoeck & Ruprecht

Für Levi

Bibliografische Information der Deutschen Nationalbibliothek

Die Deutsche Nationalbibliothek verzeichnet diese Publikation
in der Deutschen Nationalbibliografie, detaillierte bibliografische
Angaben sind im Internet über http://dnb.d-nb.de abrufbar.

ISBN 978-3-525-30004-6
eISBN 978-3-647-30004-7

© 2010, Vandenhoeck & Ruprecht GmbH & Co. KG, Göttingen /
Vandenhoeck & Ruprecht LLC, Oakville, CT, U.S.A.
www.v-r.de
Alle Rechte vorbehalten. Das Werk und seine Teile sind urheberrechtlich
geschützt. Jede Verwertung in anderen als den gesetzlich zugelassenen Fällen
bedarf der vorherigen schriftlichen Einwilligung des Verlages. Hinweis zu § 52a
UrhG: Weder das Werk noch seine Teile dürfen ohne vorherige schriftliche
Einwilligung des Verlages öffentlich zugänglich gemacht werden. Dies gilt auch
bei einer entsprechenden Nutzung für Lehr- und Unterrichtszwecke.
Printed in Germany.

Layout, Gestaltung, Satz und Litho: SchwabScantechnik, Göttingen
Druck und Bindung: Hubert & Co., Göttingen

Gedruckt auf chlorfrei gebleichtem Papier

Inhalt

Niemand muss sich fürchten

Journalismus verändert seinen Aggregatzustand, aber er löst sich nicht auf. Er muss die digitale Welt nicht fürchten, im Gegenteil. Denn guter Journalismus geht immer in die Tiefe.

Ein Geleitwort von Heribert Prantl

Es gibt eine merkwürdige Angst vor der Bloggerei. Es wird so getan, als sei die Bloggerei eine Seuche, die via Internet übertragen wird und den professionellen Journalismus auffrisst. Das ist, mit Verlaub, Unfug. In jedem professionellen Journalisten steckt ein Blogger. Der Blog des professionellen Journalisten heißt *FAZ* oder *SZ*, *Schweriner Volkszeitung* oder *Passauer Neue Presse*, Deutschlandfunk oder Südwestradio. Der sogenannte klassische Journalist hat dort seinen Platz, und er hat ihn in der Regel deswegen, weil er klassische Fähigkeiten hat, die ihn und sein Produkt besonders auszeichnen. Es gibt das etwas altbackene Wort »Edelfeder« für die Journalisten, die mit der Sprache besonders behände umzugehen vermögen. Der professionelle Journalist ist, wenn man bei diesem Sprachgebrauch bleiben will, eine Art Edelblogger.

Dass der Journalismus – gedruckt, gemailt, getwittert, gesendet – überleben wird, glauben alle Sachverständigen, die sich in diesem Buch äußern; die meisten glauben, dass er gut überleben wird. »So groß kann keine Krise sein, dass er verschwände« sagt Peter Glaser. Sascha Lobo meint, die Gesellschaft brauche »professionellen Journalismus dringender als je zuvor, weil die Flut der Informationen den Bedarf an Einordnung, Sortierung und Bewertung der Fakten und ihrer Zusammenhänge exponentiell erhöht«. Dirk von Gehlen konstatiert freilich, dass es der »mediale Frontunterricht« zu Ende gehe. Jetzt komme es für Journalisten darauf an, »ein Forum führen zu können«. Und Jörg Sadrozinski sieht die Journalisten als »trusted guides« in einem tiefgreifenden

Transformationsprozess agieren. »Die Zukunft des Journalismus liegt«, so einfach ist es und so einfach sagt es Axel Ganz, »im Journalismus«. Er hat recht. Und deshalb sollten Journalisten, Verleger und Medien-Geschäftsführer nicht so viel von Pressefreiheit reden, sondern sie einfach praktizieren.

Der Journalismus wird sich nicht mehr so fest wie bisher am Papier festhalten, er löst sich zum Teil davon; aber er löst sich nicht auf. Er verändert seinen Aggregatzustand, er ist nicht mehr so fest wie er es hundertfünfzig Jahre lang war, er ist schon flüssig geworden, vielleicht wird er gasförmig. Das wird ihm nicht schaden. Gase erfüllen jeden Raum. Ein Journalismus, der Angst vor solchen Veränderungen hätte, wäre ein Unglück. Ein guter Journalist ist ein Forscher, ein Entdecker, ein Erklärer – er ist ein Amundsen, er ist ein Scott. Er kann Dinge, die andere nicht können und er traut sich Dinge, die sich andere nicht trauen.

Mit dem Journalismus ist es so ähnlich wie mit anderen Berufen auch. Es gibt in Deutschland 20 000 Richter; aber es gibt viel, viel mehr Leute, die sich auch täglich ihr Urteil bilden. Es gibt in Deutschland 310 000 Polizisten. Aber es gibt noch viel mehr Leute, die auch ganz gut darauf aufpassen, was in ihrer Umgebung passiert. Es gibt zigtausend examinierte Pädagogen und Erzieher in Deutschland. Aber es gibt viel, viel mehr Leute, Mütter und Väter, die Kinder erziehen, ohne dass sie das studiert haben. Die Leute, die sich ihr Urteil bilden, ohne dass sie Jura studiert haben, machen die Richter nicht überflüssig. Die Leute, die sich um ihr Wohnviertel kümmern, machen Polizisten nicht überflüssig. Und Leute, die ihre Kinder erziehen, machen Pädagogen nicht überflüssig.

So ist das mit dem Journalismus auch. Es gibt in Deutschland zigtausend professionelle Journalisten. Aber es gibt noch viele, viele andere Leute, die auch ganz gut lesen und schreiben können, aber nicht recherchieren, reportieren, kommentieren und pointieren gelernt haben. Wenn es darum geht, vertraut man den Profis. Ein Möbelverkäufer, Fitnesstrainer oder Geschäftsführer, ein Richter, Polizist, Pädagoge oder Metereologe, der wissen will, was in der Welt passiert und was er davon halten soll, will normalerweise nicht lesen und hören, was andere Möbelverkäufer, Fitnesstrainer oder Geschäftsführer davon halten, sondern was ein professioneller Journalismus, ein Experte also, dazu sagt oder schreibt. Professioneller Journalismus erklärt verlässlich was passiert, nach professionellen Kriterien. Wenn ein Möbelverkäufer oder ein Fitnesstrainer das aus irgendwelchen Gründen auch kann, dann – herzlichen Glückwunsch.

Der Journalismus ist keine verspätete Veranstaltung des hochmittelalterlichen Zunftwesens. Den Journalismus kann man also nicht also nicht mit Zunftordnung und Zunftzwang verteidigen – sondern nur mit Können. Der Journalismus ist schon immer ein besonders freier Beruf gewesen. Und die Bloggerei ist eine neue Bühne für diese Freiheit. Wie viel guter Journalismus auf dieser Bühne gedeiht, muss sich noch zeigen. Kein Schauspieler muss sich vor einer neuen Bühne fürchten. Ein Journalist auch nicht.

Ich weiß also wirklich nicht, warum man sich als Zeitungsmensch vor den Blogs oder auch vor digitalen Zeitungen fürchten soll. Eine gute digitale Zeitung macht das, was eine gute klassische Zeitung auch macht: ordentlichen Journalismus. Man sollte damit aufhören, Gegensätze zu konstruieren – hie Zeitung und klassischer Journalismus, da Blog mit einem angeblich unklassischen Journalismus. Man sollte schon gleich gar damit aufhören, mit ökonomischem Neid auf die Blogs zu schauen. Dort wird kaum Geld gemacht. Man sollte auch das Lamento darüber aufhören, dass der klassische Journalismus in einem Bermuda-Dreieck verschwinde. Wenn er das täte, dann hätte er das Attribut »klassisch« nicht verdient, dann wäre er halt einfach nicht gut oder nicht gut genug gewesen. Der gute klassische ist kein anderer Journalismus als der gute digitale Journalismus. Die Grundlinien laufen quer durch diese Cluster und Raster. Es gibt guten und schlechten Journalismus, in allen Medien. So einfach ist das. Und wer sich durch die Wasser- und vor allem durch die Abwasserleitungen des Internets klickt, der merkt ziemlich schnell, wie guter und wie schlechter Journalismus aussieht – und was den Namen Journalismus nicht verdient und womöglich auch gar nicht beansprucht.

Noch nie war Journalismus weltweit zugänglich; heute ist er es. Noch nie hatten Journalisten ein größeres Publikum als heute, nach der digitalen Revolution. Noch nie war die Konkurrenz so groß; sie belebt das Geschäft. Sie schafft Bedürfnisse. Noch nie war das Bedürfnis nach einem orientierenden, aufklärenden, verlässlich einordnenden, klugen Journalismus so groß wie heute. Die Texte, die dieser Journalismus produziert, werden Nachrichten im Ursinne sein: Texte, zum Sich-danach-Richten. Internet ist die globale horizontale Verbreiterung des Wissens. Guter Journalismus geht in die Tiefe.

Es gibt die Pressefreiheit, weil die Presse auf die Demokratie achten soll. Diese Achtung beginnt mit Selbstachtung. Es wird daher, und in den Zeiten des Internet mehr denn je, gelten: Autorität kommt von Autor und Qualität kommt von Qual. Dieser Qualitäts-Satz steht zwar in der Hamburger Journalistenschule, aber er gilt nicht nur für Journalistenschüler. Er meint nicht, dass man Leser und User mit dümmlichem, oberflächlichem Journalismus quälen soll. Qualität kommt von Qual: Dieser Satz verlangt von Journalisten in allen Medien, auch im Internet, dass sie sich quälen, das Beste zu leisten – und er verlangt von den Verlegern und Medienmanagern, dass sie die Journalisten in die Lage verssetzen, das Beste leisten zu können. Dann hat der Journalismus eine glänzende Zukunft.

Einleitung:
Wozu noch Journalismus? Wie das Internet einen Beruf verändert

Der moderne Messias trägt einen schwarzen Rollkragenpullover, ausgelatschte Joggingschuhe und eine randlose Brille des Schwarzwälder Markenherstellers Lunor, Modell »Classic«. Wenn Steve Jobs vor sein Publikum tritt, umgibt ihn eine mystische, fast religiöse Aura. Die öffentlichen Auftritte des Apple-Chefs werden ebenso hoffnungsvoll wie unterwürfig zelebriert – denn Jobs hat sich aufs Revolutionieren ganzer Wirtschaftszweige spezialisiert: Vor einem guten Vierteljahrhundert die Computerindustrie, in den 1990er Jahren den Berufsstand der Graphiker und Werber, später dann die Musik- und Kino- und erst vor wenigen Jahren die Mobilfunkbranche. Seine Erfindungen setzen nicht Akzente, sondern Maßstäbe. Fans wittern in jeder seiner Gesten ein globales Trendsignal. Und seine Kritiker wünschen ihm nichts sehnlicher als einen Misserfolg – werden allerdings immer wieder enttäuscht.

Wer nach einem materialisierten Gottesbeweis sucht: Bei dem 55-Jährigen könnte er fündig werden – letztlich ist Apple eine Glaubensfrage. Denn auch dem neuesten Coup biblischen Ausmaßes, vom Wirtschaftsblatt »Economist« bereits vier Monate vor der Markteinführung im Januar 2010 ehrfürchtig »The Book of Jobs« genannt, eilte sein Ruf weit voraus: Das iPad, ein Ding, das aussieht wie eine Schiefertafel aus Plastik und Glas, kaum größer als ein Buch und um einiges leichter als eine volle Milchtüte, löste auch in Deutschland einen Hype aus, als stünde die nächste Medienrevolution ins Haus. Sexy, smart und sleek (dt. »geschmeidig«) – mit diesen Eigenschaften hat der Apple-Hohepriester schon dem iPhone seine Jünger zugeführt und sie zu Abhängigen gemacht, die ohne den mobilen Alleskönner nicht mehr sein wollen. Jetzt plant er, mit einem Tablet-PC unseren Konsum von Text, Bild und Video vollkommen umzukrempeln – und den Journalismus gleich mit. Vereinfacht gesagt: Zuerst hat Jobs den Menschen das Internet in die Hosentasche gesteckt, jetzt will er ihnen beweisen, wie faszinierend es sein kann, die Welt der Information im Taschenbuchformat zu nutzen.

Schon ist die Rede davon, dass iPad sei der »erste wahre Homecomputer« (*Time*) und die neue Generation der Tablet-Computer werde »alles verändern« (*Wired Magazine*). »Begeistert« (*Economist*) seien vor allem die Zeitungs- und Magazinverleger ob des großen Potenzials: Ihre Hoffnung sei es, neue Erlösmodelle im Anzeigen- und Vertriebsbereich zu finden, die ihnen alternative Möglichkeiten zur Finanzierung journalistischer Inhalte eröffnen. Bekanntlich lebte der Journalismus bislang gut davon, Fragen zu stellen. Er war und ist organisierte Fragenstellerei. Üblicherweise werden dabei andere, Branchenfremde gefragt, um Informationen und Hinweise für neue, möglichst exklusive Geschichten zu bekommen. Doch unter dem Eindruck des digitalen Wandels durch das Internet und den damit verbundenen technologischen Innovationen richten Journalisten Fragen an sich selbst: Wie geht es weiter mit Zeitungen und Zeitschriften? Hat Papier noch Zukunft? Was wollen die Leute lesen? Wie kann man sie einbeziehen? Wo kommt das Geld her? Wie sieht das Geschäftsmodell aus?

Eine tiefe Verunsicherung hat eine Branche ergriffen, die davon profitiert, mit klugen Analysen und Kommentaren, spannenden Reportagen und investigativen Nachrichtenstories die Bürger aufzuklären. Die Verunsicherung im Journalismus wird jedoch größer, weil es mit jedem Monat mehr Fragen als Antworten gibt – und nicht abzusehen ist, wie sich der Medienkonsum verändert. Denn letztlich entscheiden Märkte, also in Geldeinheiten gefasste Kundenpräferenzen, über das Schicksal der Medienschaffenden. Aber was heißt das schon in einem Metier, das einen *public service* leistet, der von der Gesellschaft offensichtlich nicht mehr ausreichend als Nutzen für unser Gemeinwesen und unsere Demokratie goutiert wird.

Die Redaktion von *sueddeutsche.de* hat die Serie mit dem provokanten Kinderfragentitel »Wozu noch Journalismus?« veröffentlicht, weil sie genug von Fragen hat und auf Antworten wartet. Der ökonomische Negativtrend ist kein Naturgesetz, sondern vermutlich auch Folge von Unterlassungssünden. Wer wäre also besser geeignet, Ideen zur Belebung der Branche beizutragen und Fehltritte anzuprangern als die Macher selbst? Es ging darum, ein

Forum zu schaffen für Experten und Expertisen, für Beteiligte aus ganz verschiedenen Positionen. So schreiben Medienwissenschaftler, Presse-Journalisten, Fernsehmoderatoren, Publizisten, Verlagsmanager und Berater über die Krise und ihre Folgen. Aus den vielen Einzelwahrnehmungen ergibt sich ein Gesamtbild. Das ist noch keine Lösung des Problems, wohl aber ein Anreiz, das ein oder andere zu versuchen, sich nicht resignativ einem Niedergang zu ergeben.

Wenn es eine Gemeinsamkeit in den 28 Beiträgen gibt, dann ist es das Wissen darüber, dass Journalismus nicht einfach nur Umsatz und Gewinn bedeutet, dass die Suche nach Wahrheit mehr ist als eine Ware, und dass es sich lohnt, unabhängig von merkantilen Interessen zu kämpfen. Dieses Buch ist auch ein leiser Appell, sich positiv auf Veränderungen einzurichten.

Die Zeiten der einfachen Automatismen sind jedenfalls vorbei. Also die Zeiten, in denen beispielsweise mit dem ersten Hausstand ein Zeitungsabonnement eingerichtet wurde, das dann ein Leben lang hielt und an die Nachkommen weitergegeben wurde. Oder in denen die Werbeindustrie ohne viele Fragen Anzeigen und Spots bestellte, weil es schlicht an Auswahl fehlte. Zeiten, in denen passgenau Journale für ermittelte Zielgruppen entstehen konnten – ganz so, wie unter Marken wie Persil neue Waschmittel auf den Markt geworfen werden.

Journalismus hat es derzeit mit sehr viel Wandel auf einmal zu tun – und das wird noch einige Zeit andauern. Da sind die Konsumenten, für die Rituale nicht mehr zählen, sondern spontane Events. Da ist die Neigung jüngerer Menschen, sich online zu informieren, sei es am PC oder mit dem Smartphone. Da sind die Werbekunden, die mit dem Publikum mitgehen und sich am liebsten ihre eigenen Medien schaffen wollen. Und schließlich bietet die Industrie in immer kürzeren Abständen neue Geräte wie beispielsweise das iPad für den Medienkonsum.

Das, was jahrzehntelang getrennt war, wächst im Internet zwangsläufig zusammen. Jahrzehntelang beschäftigten sich Journalisten entweder mit Wort oder mit Ton oder Bild, online aber vermischen sich die hergebrachten Gattungen Presse, Radio und Fernsehen. Und damit besteht die Chance, eines neuen, aufregenden Journalismus. Auch das zeigt das Buch »Wozu Journalismus?«: Dass zwar viel von Konvergenz geredet wird, aber dass das Verständnis darüber, was das denn konkret bedeutet, welche Regeln gelten, erst schwach ausgebildet ist.

Für die Menschen sind die neuen Entwicklungen fürs Erste weniger schlimm als für die Macher. Das Internet schafft so etwas wie einen vollkommenen Markt, mit einer großen Weite an Information, die für sie (derzeit noch) kostenlos ist. Es lassen sich nicht nur mit wenigen Klick-Vorgängen die journalistischen Leistungen vieler Redaktionen vergleichen, es kommen auch die Möglichkeiten hinzu, sich selbst zu beteiligen und einzubringen, in Foren, Kommentaren und Blogs. Das alles schafft einen neuen, interaktiven Pluralismus, der allerdings gelegentlich mit Vorsicht zu genießen ist. Denn was heißt das für die Meinungsbildung in einer Gesellschaft? Was bedeutet das für all diejenigen, die sich als »vierte Gewalt« bezeichnen?

Um über die Zukunft dieser »vierten Gewalt« zu streiten, luden wir Ende Juni 2009 sieben renommierte Redaktionsleiter und Publizisten zu einem Mediendisput in die Rheinland-Pfälzische Landesvertretung nach Berlin. Die prophetische Leitthese der Podiumsdiskussion: »Das Ende des Journalismus.« – keine Frage, sondern eine Warnung ob der drängenden Herausforderungen des Journalistenberufs in Zeiten der Medienkrise.[1] Schon zwei Wochen später sprach der Bundesverband Deutscher Zeitungsverleger (BDZV) bei seiner Jahrespressekonferenz vom »schwierigsten Jahr in der Geschichte der Zeitungen«, weil Anzeigenvolumina kollabierten und nun auch die deutsche Zeitungsbranche drohte, den Abwärtstrends der darbenden US-Pressewirtschaft zu folgen. Dass die zuspitzenden Schwierigkeiten der gedruckten Presse auch hierzulande irgendwann zu Qualitätseinbußen führen, haben wir bereits in dem Vorgängerband »Wozu noch Zeitungen?«, der ebenfalls auf einer Serie bei *sueddeutsche.de* basiert und 2009 im Göttinger Verlag Vandenhoeck und Ruprecht erschienen ist, prognostiziert. Obwohl diese traurige Prognose mittlerweile Konsens ist, bleibt weiterhin strittig, dass diese Entwicklung expressis verbis

---

1 Auf dem Podium: Wolfgang Blau (Chefredakteur, *Zeit Online*), Stephan-Andreas Casdorff (Chefredakteur *Der Tagesspiegel*), Brigitte Fehrle (damals stellv. Chefredakteurin *Berliner Zeitung*), Hans-Jürgen Jakobs (Chefredakteur *sueddeutsche.de*), Frank A. Meyer (Publizist, Ringier-Verlag), Mario Sixtus (*Der elektrische Reporter*) und Thomas Leif (Chefreporter SWR).

in einer Strukturkrise des Journalistenhandwerks selbst münden muss. Hier treffen Internet-Apologeten und die Hiobsbotschafter der Branche auf die realitätsblinden Gutmenschen und ewigen Rückspiegeldenker eines Journalismus, der längst nicht mehr ist, wie er einmal war.

Ob dieser fast schon allgegenwärtigen Kontroverse fühlten wir uns nunmehr inspiriert, nahmen wir den Start des neuen Medienressorts bei sueddeutsche.de Anfang 2010 zum Anlass für eine Essay-Reihe mit der Ausgangsfrage »Wozu noch Journalismus?«. Der vorliegende Band ist das Ergebnis: Er versammelt Beiträge von profilierten Autoren, darunter namhafte Journalisten, Blogger, Publizisten und Medienwissenschaftler. Sie formulieren ihre Überlegungen auf Fragen wie: Wozu brauchen wir noch Journalismus? Wie kann journalistische Qualität aufrechterhalten werden, sich womöglich verbessern, wenn sich die Rahmenbedingungen weiter verschlechtern? Andererseits baten wir darum, Ausblicke für einen kreativen Neuanfang zu skizzieren, wie der Journalistenberuf in zehn, 15 Jahren funktionieren könnte.

Gerade freischaffenden Journalisten werden in der gegenwärtigen Marktsituation eine eiserne Kondition und eine erhebliche Kompensationsbereitschaft abverlangt, wenn sie unabhängig von Auftragsarbeiten für Redaktionen mit eigenen Projekten ihren Lebensunterhalt bestreiten wollen. Ob diese Durststrecke nur von vorübergehender Natur sein wird, oder ob große Nachrichtenorganisationen und Medienmarken weiterhin der Dreh- und Angelpunkt für profitablen Journalismus sein werden, bleibt abzuwarten. Dass aber auch Journalisten in einem festen Anstellungsverhältnis gezwungen sein werden, stärker unternehmerisch zu denken und häufiger als Einzelpersonen in der Berichterstattung wahrgenommen werden und sich daher unter anderem über Social-Media-Umgebungen (Twitter, Facebook, LinkedIn, etc.) positionieren müssen, wird von kaum einem Beiträger bezweifelt. Doch auch in einem weiterem Punkt sind sich die Autoren einig: Alle Profi-Journalisten wird es eiskalt erwischen, wenn Verlage, Sender und Agenturen einerseits ihr redaktionelles Personal weiter zurückfahren, während andererseits die Konkurrenz durch parajournalistische Angebote anwächst.

So sehr der Beruf des Journalismus einen fundamentalen Wandel unterliegt, so gravierend wirkt sich diese Entwicklung auch auf das journalistische Selbstbild und somit unsere gesamte Informationskultur aus: Mit Verschwinden des alten Geschäftsmodells schwindet nicht nur die existentielle Sicherheit, sondern auch das journalistische Gewissen, das redaktionelle Profile und Arbeitsprozesse bislang prägte. Journalisten müssen künftig nicht nur *für* ihr Publikum arbeiten, sondern *mit* ihm in einen unablässigen Dialog treten. Journalismus wird nicht mehr als Produkt, sondern als steter Prozess verstanden, der seine Funktionen und Rollen noch deutlicher inmitten der Gesellschaft verortet. Dies betont seinen gemeinnützigen Charakter und stuft ihn als förderungswürdig ein – auch und besonders durch zivilgesellschaftliche Träger und Einrichtungen, etwa Stiftungen, die journalistische Projekte gezielt fördern.

Die neuerliche Diskussion über ein Leistungsschutzrecht für Verlage, das zeigen auch einige der Beiträge, täuscht über grundsätzliche Unsicherheiten hinweg: Vergütungen, Lizenzgebühren und andere Kleinstbeträge werden nicht das retten können, was immer deutlicher zur Disposition steht. Gefragt werden sollte nicht nach der Zukunft einer oder vieler Verwertungsketten, sondern danach, wie bewährte Grundprinzipien eines mächtigen, weil verantwortungsvollen Berufsstandes wider alle Missstände erhalten werden können. Eine »Kulturflatrate« wäre deshalb nur dann sinnvoll, wenn sie (über alle Verteilungskämpfe erhaben) in eine Stiftung für Qualitätsjournalismus münden würde, bei dem sich Interessenten (Journalisten, Redaktionen, Blogger, Online-Portale) im Dienste des Journalismus um eine Förderung bewerben können, zum Beispiel für Rechercheprojekte, Stipendien und Auslandsaufenthalte.

Auch die deutsche Medienpolitik, das resultiert zumindest aus einzelnen Essays dieser Serie, sollte sich – schon im eigenen Interesse – aktiv daran beteiligen, die Rahmenbedingungen journalistischer Qualität und der Presse-Vielfalt dauerhaft zu erhalten. Dies kann einerseits in Form von gesetzgeberischen Maßnahmen geschehen, anderseits durch die Konsolidierung oder Förderung gemeinnütziger Initiativen in der journalistischen Aus- und Weiterbildung – jedoch keinesfalls durch einen blinden Protektionismus angeschlagener Branchen oder Wirtschaftszweige. Es ist, so glauben wir, gerade Aufgabe der Medienpolitik, die generelle Funktion des Journalismus als »Vierte Gewalt« sicherzustellen, um mittelfristig einem weiteren Rückgang des demokratischen und zivilgesellschaftlichen Engagements entgegenzuwirken.

Wie verändert das Internet den Beruf, das Handwerk an sich? Fest steht: Das Internet verbessert oder verschlimmert den Journalismus nicht per se – denn es kommt darauf an, wie man es professionell einsetzt. Als offenes Raum-Zeit-Kontinuum weist es jedoch einige wesentliche Charakteristika im Vergleich zu anderen Medienkanälen auf, die – wenn sie handwerklich sinnvoll genutzt werden – die Qualität und das Erscheinungsbild journalistischer Angebote erheblich aufwerten. Mindestens vier Ebenen werden den Journalismus nachhaltig verändern: 1. Neue Tiefenstrukturen erhöhen die Transparenz journalistischer Recherchen, 2. Das Dialog-Prinzip ermöglicht dynamische, sich fortschreibende Themen und Inhalte, 3. Angebote können individuell zusammengestellt und zielgruppenspezifisch vermittelt werden, 4. Die Einbindung des Users in Social Communities begünstigt die Entstehung redaktioneller Informations- und Wissensdatenbanken. Nach diesem Verständnis wandelt sich der Journalist also noch stärker zum Bildungsagenten und Moderator von Leser- und Zuschauerinteressen, der immer mehr auf die Mithilfe und Präferenzen der Nutzer angewiesen ist.

Die veränderten Raum- und Realitätsvorstellungen im Netz erfordern jedoch angepasste Arbeitstechniken und Darstellungsformen, die – auch das zeigen viele der Beiträge – größtenteils erst noch entwickelt werden müssen. Es steht letztlich außerfrage, dass professionelle Berichterstatter weiterhin gebraucht werden – allerdings müssen sie auch bereit sein, in anderen Kategorien, Kontexten und Begriffen zu denken, mit denen sie unsere Welt erschließen. Das tut vielleicht an manchen Stellen zunächst weh, aber nur so schaffen sie einen Mehrwert, reduzieren Komplexität – und verbessern die Qualität unserer Informationskultur.

Der vorliegende Band – das kann wohl in aller Bescheidenheit behauptet werden – ist in diesem Sinne nicht nur lebendiger Beweis dafür, dass es im deutschsprachigen Raum nach wie vor eine blühende Medienpublizistik gibt, die sich um das Wohl und Wehe der Branche sorgt, sondern offenkundig auch ein geneigtes Publikum, das sich für derlei Debatten leidenschaftlich begeistern kann. Unser aufrichtiger Dank gilt daher den Beiträgern dieser Serie – nur ihren ebenso geistreichen wie kernigen Essays ist es zu verdanken, dass sich bei der Frage zur ungewissen Zukunft des Journalistenberufs ein annähernd konzises Meinungs- und Stimmungsbild ergibt. Die in diesem Buch versammelten Beiträge veranschaulichen aufs Vielfältigste, inwiefern der Wandel des journalistischen Berufsbildes zwar ständig von digitalen Technologieschüben, neuen ökonomisch-medienpolitischen Mechanismen und veränderten Trends der Mediennutzung angetrieben wird. Deutlich machen die Autoren aber vor allem eines: dass unsere Gesellschaft weiterhin professionellen Journalismus braucht und dass journalistische Inhalte durch das Internet eine (ideelle) Wertsteigerung erfahren. Danken möchten wir zudem Christina-Maria Berr, Leiterin des Medienressorts bei *sueddeutsche.de*, die diese Serie durch ihre redaktionelle Aufbereitung begleitet und bereichert hat.

Anliegen der Serie bei *sueddeutsche.de* und dieses Buches war und ist es nicht, eine abgehobene Feuilletondebatte zu führen, die mehr oder weniger im Nichts endet. Vielmehr ist uns an einem Disput über die Zukunftsfähigkeit des journalistischen Handwerks und das Potenzial eines möglichen Neuanfangs gelegen, der mediale, ökonomische und ideologische Barrieren überwindet. Wir glauben, dass sich die Medien vorbehaltlos an der Aushandlung eines neuen Gesellschaftsvertrags beteiligen müssen, wenn ihre Vertreter, besonders die Journalisten, weiterhin eine zentrale Rolle einnehmen wollen – ganz gleich, ob als Beobachter, Vermittler, Anwälte, Moderatoren, Rechercheure oder Wortführer. Diese professionellen Rollen und Routinen sind allerdings weder ein Menschenrecht noch Gottgegeben, sondern sie wurden über viele Jahrzehnte mühsam erlernt, verfeinert und von Journalistengeneration zu Journalistengeneration weitergetragen. Es wäre folgenreich, wenn der Journalistenberuf auf dem Altar der Wirtschaftlichkeit geopfert würde. Denn ohne hochwertigen Journalismus löst sich die Presse als verlässliche Institution in ihre molekularen Bestandteile auf – und das würde auf lange Sicht längst nicht nur dem Image der Verlage hierzulande schaden, sondern zweifellos auch unserer Demokratie. Nur die Provokation, die streitbare These kann die Systemrelevanz des Journalismus aus ihrem Dornröschenschlaf erwecken.

Stephan Weichert, Leif Kramp, Hans-Jürgen Jakobs
Hamburg/München im Juli 2010

Digitale Neandertaler

Wie bisher kann es nicht weitergehen – Journalisten müssen über ihren Job nachdenken und einen kreativen Neuanfang wagen.

Von Stephan Weichert und Leif Kramp

© Kathrin Brunnhofer

Dr. Stephan Weichert, Jahrgang 1973, ist Professor für Journalistik und Studiengangleiter an der Macromedia Hochschule für Medien und Kommunikation (MHMK) in Hamburg. Leif Kramp, Jahrgang 1980, ist Journalist, Dozent und wissenschaftlicher Mitarbeiter an der MHMK. Weichert (rechts im Bild) und Kramp sind Initiatoren und Herausgeber der Serie »Wozu noch Journalismus?«.

Schieben wir einmal alle Bedenken beiseite, hören auf zu zaudern und vergessen die Panikattacken der vergangenen Monate. Ignorieren wir also die Krise, die all das zu bedrohen scheint, wofür in Deutschland rund 50.000 hauptberufliche Journalisten stehen: professionelle Recherche, Aufbereitung und Vermittlung von Informationen. Stellen wir uns der Einfachheit halber vor, wir seien die Bewohner einer neuen Steinzeit, die mit der Erfindung des Internet begann: Gemessen daran, wie wenig die Potenziale der Netzkommunikation heute erst genutzt werden, sind Journalisten die Neandertaler der digitalen Ära.

Am liebsten würde der Journalismus so weitermachen wie bisher. Aber genau das ist der springende Punkt: Altbewährtes funktioniert immer schlechter, weder als Geschäftsmodell noch als Handwerk. Immer mehr Leser, Zuschauer, Hörer erwarten Neues neben den hergebrachten journalistischen Publikationen, Formaten und Darstellungen. Die Zukunft des Journalistenhandwerks verlangt nach neuen Strategien und Konzepten, vielleicht auch nach anderen Begrifflichkeiten. Was kann, was darf, was müssen Journalisten also heute sein, wenn sie das Bisherige hinter sich lassen? Und brauchen wir professionellen Journalismus überhaupt noch?

Die Qualitätspresse in den USA darbt

Not macht erfinderisch, hieß es in der Nachkriegszeit oft. Und wenn dieses Bonmot stimmt, muss der Erfindergeist in den USA derzeit quicklebendig sein – denn dort geht es der Medienbranche mit Abstand am dreckigsten: Etliche Regionalzeitungen mussten ihr Erscheinen einstellen, seit 2007 mehr als 10.000 Redakteure sich nach einem anderen Job umschauen. Die Qualitätspresse darbt wie kaum anderswo in der Welt. Aber in Nordamerika – das ist die positive Kehrseite des Medienwandels – sprießen auch kreative Pflänzchen. Dass auf eine Krise nicht zwingend die Apokalypse folgt, sondern durchaus etwas Neues, sogar Besseres gedeihen kann, beschrieb schon der österreichische Ökonom Joseph Alois Schumpeter mit dem fidelen Begriff der »schöpferischen Zerstörung«.

Warum sich der Kapitalismustheoretiker sechs Jahrzehnte

nach seinem Tod als hoffnungsfrohes Omen für eine verzweifelte Profession anbietet, lässt sich eindrucksvoll in seiner Wahlheimat beobachten: In den USA werkeln trotz wirtschaftlichen Gegenwind junge und erfahrene Journalisten gemeinsam und abgekoppelt von den großen Medienkonzernen am Journalismus von morgen – und zeigen keinerlei Bescheidenheit, den schwerfälligen Branchenriesen zu zeigen, welche Wege aus der Krise führen.

Was sich in den Metropolen New York, Los Angeles oder San Francisco abspielt, hat Signalwirkung – auch für den deutschen Nachrichtenmarkt. Insbesondere die Zeitungsverlage lechzen nach Ideen, wie sie die Zeitenwende bewerkstelligen sollen, ohne ihrem journalistischen Kerngeschäft zu schaden. Optimismus versprühen vor allem kleinere, unabhängige Initiativen, die sich außerhalb der starren Hierarchien der einstmals so potenten Unternehmen bilden.

Im Mittelpunkt steht das Internet – ein dynamisches Raum-Zeit-Kontinuum, das angepasste Arbeitsmittel und Berichtsformen notwendig macht. Um den Journalismus ›aus der Tiefe des Raums‹ neu zu gestalten – so der Konsens der Pioniere – ist ein Re-Set, ein Neuanfang alles bisher Üblichen nötig: Journalisten müssen in völlig anderen Kategorien, Systemen und Prozessen denken, mit denen sie unsere Gesellschaft neu erschließen – auch wenn es an manchen Stellen vielleicht weh tut.

Mit einer gehörigen Portion Herzblut und frischem Unternehmergeist wird an innovativen Modellen für einen besseren, weil transparenten, dialogischen Journalismus gearbeitet. Übergreifend lassen sich vier Entwicklungen erkennen, die den Beruf zu seinen Kernaufgaben im Dienste der digitalen Öffentlichkeiten zurückführen.

Journalismus muss anwaltschaftlicher werden!

Guter Journalismus war noch nie besonders billig zu haben. Gebührengelder, Kleinanzeigen oder Werbung sicherten die finanzielle Grundlage, und wo das nicht ausreichte, entschlossen sich Verleger und TV-Unternehmer zur Quersubventionierung teurer Angebote und Recherchen über leichtgängigere, breitenwirksame Titel und Sendungen. Das vielleicht größte Dilemma des Qualitätsjournalismus im Internet aber ist derzeit: Er soll nichts kosten!

Ein smarter 27-Jähriger aus San Francisco versucht derweil, die Nutzer vom Gegenteil zu überzeugen: Auf gerade mal 20 Quadratmetern hat David Cohn in seiner unaufgeräumten Studentenbude im hippen Mission District ein Projekt gestemmt, das ihn unverhofft zum Star in verunsicherten Medienkreisen gemacht hat. Mit *Spot.Us* gründete er eine Web-Plattform, auf der freie Reporter und Journalisten eigene Recherchepläne skizzieren, die von den Nutzern bezahlt werden, um ihre Story entsprechend umsetzen und veröffentlichen zu können.

Spendenfinanzierter Journalismus als Erfolgsmodell? Auf lokaler Ebene erwies sich *Spot.Us* zumindest als pragmatischer Ansatz im Vergleich zur gewachsenen Redaktion, im doppelten Sinn: Mit Einzelspenden von maximal 20 US-Dollar unterstützen Bürger nicht nur kommunale Recherchethemen, die ihnen wirklich am Herzen liegen, sondern füllen auch die Berichterstattungslücken, die den Sparzwängen bei Zeitungen, TV- und Radiosendern zum Opfer gefallen sind. Auch rücken Journalisten und ihr Publikum auf diese Weise näher zusammen. Kommen das avisierte Honorar für eine Geschichte einmal nicht zusammen, werden die bereits geleisteten Spenden solange auf einem Konto geparkt, bis die Spender selbst entscheiden, welche andere Story sie fördern wollen.

Ob dem Modell des *Community Funded Reporting* (gemeindefinanzierte Berichterstattung) die Zukunft gehört, will auch Cohn nicht mit Sicherheit sagen. Aber einen Grund für die Identitätskrise der Branche glaubt der gelernte Medien- und Technikjournalist zu kennen: Journalismus habe die Bindung zu den Bürgern verloren und müsse sich deshalb neu erfinden: Ein Imagewechsel sei überfällig, fordert Cohn, während ihm seine graugestreifte Katze »Brooklyn« schnurrend ums Bein streicht.

Zu lange hätten die Leitwölfe der Profession darauf vertraut, dass sich Journalismus als Fertigprodukt vermarkten lasse – als Zeitung, als TV-Format oder als Radiosendung. Journalismus sei aber weitaus mehr als ein Warenerzeugnis, sondern vielmehr ein Vorgang, an dem sich nicht nur die Profis, sondern auch die Leser, Hörer und Zuschauer beteiligen sollten.

Cohn sieht das so genannte »Crowdfunding« aber nur als eine

Lösung von vielen, das Publikum aktiv in die Entstehung journalistischer Inhalte einzubeziehen: Neuerdings ziert ein zweiter, rosafarbener Spenden-Button die angebotenen Geschichten bei *Spot.Us:* »Donate Talent« – Cohns Aufruf, es nicht nur bei reinen Geldüberweisungen zu belassen, sondern auch Begabung, Zeit und Engagement zu spenden. Das geht weit über das hinaus, was *Bild* und andere mit ihren »Leserreportern« kultivieren, die das Privatleben von Oliver Pocher und anderen Gesichtsprominenten heimlich abfotografieren. Die Entwicklung, dass das Publikum eine tragende Rolle bei der Produktion von Medienangeboten spielen könnte, mag für einige Journalisten noch befremdlich klingen, sie ist aber unumkehrbar.

So dankt dem, der für *Spot.Us*-Recherchen spendet, der Chef persönlich: »Your contribution is a powerful gesture and will help us fund this investigation so we can make a difference through serious reporting«, schreibt David Cohn, der die gesamte Buchhaltung für das Projekt in einer Holzschatulle aufbewahrt, die unscheinbar unter dem Schreibtisch klemmt. Mit derlei unorthodoxen Methoden schaffte er es allerdings bis in die *New York Times*, die einen Enthüllungsbericht der Reporterin Lindsey Hoshaw über Müllverklappung im Pazifischen Ozean veröffentlichte – und das Honorar im Voraus von *Spot. Us*-Nutzern zahlen ließ.

Journalismus muss bürgernäher werden!

Etwas Ähnliches hatte auch Robert Rosenthal im Sinn, der seit über zwei Jahren in der Universitätsstadt Berkeley daran arbeitet, einen Ort zu schaffen, an dem »Ideen gewürdigt werden«, wie er es nennt. Rosenthals ein-, aber unaufdringlicher Tonfall kommt nicht von ungefähr: Der ehemalige Auslandsreporter, der vier Jahrzehnte für einige der führenden Leitmedien Amerikas wie die *New York Times*, den *Boston Globe* und den *Philadelphia Inquirer* berichtete, entschied sich im Alter von fast 60 Jahren für einen beruflichen Neuanfang. Angesichts seiner bisherigen Verdienste – er hatte entscheidenden Anteil an der Enthüllung der Pentagon Papers, der Geheimakten des US-Verteidigungsministeriums über den Kriegseinsatz in Vietnam – hätte es dem vielfach ausgezeichneten Reporter so ziemlich egal sein können, ob nach ihm die publizistische Sintflut kommt.

Doch entschied sich der hemdsärmelige Zeitungsmann, aktiv gegen den personellen und finanziellen Rückbau kalifornischer Redaktionen vorzugehen und übernahm die Leitung des stiftungsfinanzierten Center for Investigative Reporting (CIR), einer verstaubten Non-Profit-Organisation, die sich seit 1977 weitgehend unbemerkt für die Förderung investigativer Recherchen einsetzt. Rosenthal krempelte den Verein von Grund auf um, gründete eine junge Redaktion aus kecken Hochschulabsolventen und startete ein eigenes Blog-Portal mit dem Ziel, ebenjene klaffenden Löcher in der Berichterstattung zu flicken, die von darbenden Qualitätszeitungen wie *Los Angeles Times*, *San Francisco Chronicle*, *San Jose Mercury News* offenkundig hinterlassen wurden.

Entstanden ist unter anderem der Watchblog *California Watch*, ein echtes Aushängeschild des Zentrums: Unter dem Slogan »bold new journalism«, was so viel heißt wie »wagemutiger neuer Journalismus« decken Reporter Skandale und Missstände rund um Politik, Bildung, Wirtschaft, Umwelt, Gesundheit auf und animieren die Kalifornier zur öffentlichen Debatte. Ohnehin arbeiten die CIR-Blogger so bürgernah, wie irgend möglich: Nur selten ziehen sie sich in den neuen Sitz des CIR in der Center Street zurück, sondern recherchieren inmitten ihrer potenziellen Nutzerkreise, vernetzt über Hotspots in Cafés, Bibliotheken oder unter freiem Himmel. Die Reporter sind jederzeit ansprechbar – und im wahrsten Sinne des Wortes »hyperlokal«.

Journalismus muss entschleunigter werden!

Unweit der Wall Street in New York, also jenes Ortes, der zum Synonym von Misswirtschaft und Betrug wurde, hat Paul Steiger, der ehemalige Chefredakteur des *Wall Street Journal*, vor einiger Zeit sein neues Büro bezogen. Mit einer hochklassig ausgebildeten Mannschaft an Mitarbeitern hat das unabhängige Redaktionsbüro ProPublica (deutsch: »für das Volk«) seit seiner Gründung im Januar 2008 gleich eine ganze Reihe von Ungerechtigkeiten in der Gesellschaft, vor allem in Wirtschaft und Politik, enthüllt. Steigers Methode ist so simpel wie ungewöhnlich in der digitalen Ära:

Er und sein Team setzen auf Entschleunigung. Die Redakteure wenden sich ab von der schnellen Nachricht und hin zu zeit- und kostenintensiver Hintergrundberichterstattung.

Während sich die Medienwelt immer schneller dreht und hektisch Nachrichten per Twitter, Blogs oder Facebook in alle Himmelsrichtungen verschleudert, steht ProPublica für die noch jungfräuliche »Slow Media«-Bewegung, die sich ähnlich wie die Slow-Food-Bewegung für den genussvollen, bewussten und nachhaltigen Konsum von Qualitätsangeboten im Medienbereich einsetzt.

Die *New York Times* beschäftigt ein knappes Dutzend Enthüllungsreporter, bei ProPublica sind es mehr als doppelt so viele. Über 1300 Journalisten bewarben sich auf die zunächst 27 Stellen, darunter zahlreiche erfahrene Redakteure und etliche Pulitzerpreisträger. Kein Wunder, denn versprochen wurden Arbeitsbedingungen, die dem Ideal sehr nahe kommen: Viel Zeit und Geld, um Ärgernissen akkurat und gründlich nachzugehen.

Finanziert wird das ehrbare Anliegen aus Stiftungsgeldern. Zehn Millionen US-Dollar verschlingt die Redaktion jedes Jahr und zeigt damit, wie teuer guter Journalismus sein kann, aber vielleicht auch sein muss. So ist es eher Regel statt Ausnahme, dass sich Recherchen über Monate, mitunter ein Jahr lang hinziehen. Das Resultat gibt Steigers Konzept vom entschleunigten Journalismus Recht: Schon binnen weniger als zwei Jahren erschienen Beiträge von ProPublica in fast allen namhaften Blättern und wichtigen TV-Magazinsendungen Amerikas.

Im April 2010 gewann die gemeinnützige Nachrichtenorganisation sogar den Pulitzer-Preis für investigativen Journalismus – als erstem Online-Angebot überhaupt in der 93-jährigen Geschichte der begehrten Auszeichnung: ProPublica-Autorin Sheri Fink wurde für einen akribisch recherchierten Beitrag über die Arbeit in einem Krankenhaus von New Orleans nach dem Hurrikan Katrina gewürdigt.

Journalismus muss experimenteller werden!

Gleich mehrere amerikanische Hochschulen haben neuerdings Medienlabore eingerichtet, wo Professoren gemeinsam mit Studierenden neue journalistische Betätigungsfelder entwickeln und diese in Kooperation mit Partnern aus der Medienpraxis austesten. Antriebsfeder ist der Wunsch herauszufinden, wie Journalismus weiterhin seinen Status als Frühwarnsystem der Gesellschaft verteidigen kann. Weil tausende Schulabgänger in den Medien- und speziell den Journalismusbereich drängen und Medienberufe nach wie vor überaus populär sind, gehören die Hochschulen zu den Krisengewinnlern.

Die Bewerberzahlen der journalistischen Talentschmieden von Los Angeles bis New York belegen das. Und wo sich behäbige Nachrichtenorganisationen eher taub stellen und zuweilen zaghaft mit Formaten und Bezahlmodellen herumexperimentieren statt den intuitiven Lockrufen des Internet zu folgen, gelingt es Professoren wie Jeff Jarvis an der City University of New York, das Temperament seiner Studenten auf geschmeidige Web-Projekte zu projizieren. Auch deutsche Verleger wie Hubert Burda spitzen plötzlich die Ohren, wenn Guru Jarvis wie zuletzt auf der DLD-Konferenz in München von seiner Pionierarbeit mit Studenten berichtet.

Blogger-Star und Huffington-Post-Intimus Jay Rosen wiederum gründete als Professor der benachbarten New York University vor rund einem Jahr den Sonderstudiengang Studio 20. Auch hier wird stark anwendungsorientiert und mit viel Enthusiasmus und Erfindergeist gearbeitet, wovon Medienhäuser wie etwa das Wirtschaftsmagazin Economist profitieren.

Und unter der Obhut von Geneva Overholser, ehemalige Ombudsfrau der *Washington Post*, werden an der Annenberg School of Journalism in Los Angeles studentische Projekte wie »Gone Gitmo« realisiert, eine Kopie des Militärgefängnisses Guantanamo auf Kuba in der Internet-Welt Second Life, die die Bedingungen im Straflager darstellt: Besucher der virtuellen Insel können sich in der Rolle eines Insassen über die unwürdigen Haftbedingungen und Einzelschicksale der Gefangenen informieren. Journalistische Recherche und Darstellung werden hier im wahrsten Sinne spielerisch eingesetzt. Der Nutzer interagiert nicht bloß, sondern taucht in eine komplexe 3D-Umgebung ab, die ihn Extremsituationen äußerst realistisch nachempfinden lässt – ein edukativer Trend, den sich Anbieter von digitalen Lernspielen (engl. Serious Game), auch für den Journalismus immer häufiger zunutze machen. In »Global Conflicts: Palestine«, einem grafisch und konzeptionell ausgeklügelten Adventure der Hamburger Firma dtp Entertainment, ist der Spieler beispielsweise ein Krisenreporter, der über den Nahost-Konflikt berichtet. Ziel des Spiels ist es nicht, den Konflikt zu lösen, sondern über ihn möglichst fair zu berichten – und das ohne Blessuren.

Aufbruch- statt Krisenstimmung

Diese Initiativen und Projekte zeigen: Die Zukunft des Journalismus liegt im Internet und in digitalen Angeboten – aber sie hat viele Gesichter. Aufbruch- statt Krisenstimmung heißt das Motto der Stunde – zumindest in Amerika. Das gilt auch für das Berufsbild: Während einer aktuellen Umfrage der George Washington University zufolge dort schon 89 Prozent der Journalisten regelmäßig in Blogs recherchieren, 65 Prozent in Social Networks wie Facebook und über die Hälfte der rund 9.000 Befragten angab, den Kurzmitteilungsdienst Twitter für ihre tägliche Arbeit zu nutzen, herrscht in hiesigen Redaktionen weitgehend noch Skepsis gegenüber der digitalen Vermittlung und Recherche.

Erst seit Plattformen wie *Pottblog, altona.info, halle-forum, heddesheimblog* oder *Spreeblick* auch in Deutschland den etablierten Medien unerwartet das Wasser abgraben, dämmert den Machern die Erkenntnis, dass die bewährten Instrumente alleine nicht mehr ausreichen, um bei den Nutzern mit Professionalität zu punkten. Ohne versierte und zugleich vorbehaltlose Journalisten löst sich der Urgedanke der Presse jedoch in Nichts auf – und das schadet nicht nur den Kassen der Verleger, sondern auch unserer Demokratie. Allerdings: Journalismus ist weder Menschenrecht noch Naturgesetz. Wir müssen daher den Journalismus – das Handwerk und das Geschäft – aus seiner jetzigen Starre erlösen. Dafür braucht es Ausblicke für einen kreativen Neuanfang, in der Hoffnung, nicht das Schicksal der Neandertaler teilen zu müssen.

Echtheit statt Echtzeit

In der Branche herrscht Endzeitstimmung. Dabei brauchen wir die Wahrheitsfanatiker und Tabubrecher mehr denn je.

Von Ernst Elitz

© Thomas Mayer

Ernst Elitz, Jahrgang 1941, ist Gründungsintendant des Deutschlandradios und lehrt heute an der Freien Universität Berlin.

Der Journalismus hat ein paar wichtigere Probleme als die Nackedeis auf Seite eins, als pinkelnde Prinzen und Paparazzi-Fotos. Tut mir leid, liebe B-Prominenz, die Ihr lieber die geschönten Portraits Eurer Haus- und Leib-Fotografen in den Blättern seht, es gibt es keinen Konkurrenzausschluss für die hechelnde Meute. Tut mir leid, liebe Bildungsbürger, der Journalismus hat andere Probleme als den von den Redaktionsphilosophen der *FAZ* beschworenen Untergang des Abendlandes durch das alles umschlingende Internet.

Und Ihr, liebe Kolleginnen und Kollegen? Bekanntlich spricht man im Hause des Henkers nicht gerne vom Strick, aber in den Redaktionen redet man gern von der Endzeit der eigenen Profession. Es dreht sich so schön an der Garotte. Dabei hat der Journalismus eine blühende Zukunft, wenn er die Nähe zum Leser sucht, wenn er statt kühler Distanz Emotionen zeigt, wenn er seine gouvernantenhafte Vergangenheit abstreift und sich als Wahrheitsfanatiker neu entdeckt. Wozu also Journalismus? Weil er der beste Welterklärer ist, den ich kenne. Und weil das digitale Zeitalter ihm neue Gestaltungsräume eröffnet.

Das Radio wird Zeitung

Überkommene Privilegien sind hinweggefegt. Das Fernsehen hat den Alleinvertretungsanspruch auf das Bewegtbild verloren. Videos schmücken Zeitungsportale. Die Zeitung wird Radio, Print-Journalisten sprechen ihre Kommentare ins Netz. Das Radio wird Zeitung. Hörfunk- und Fernsehbeiträge sind im Internet nachzulesen.

Das erste Foto zwischen den unendlichen Textspalten einer gedruckten Zeitung war nur der Vorbote für die crossmediale Verbindung zwischen Bewegtbild, Text und Ton, die es dem Journalisten des 21. Jahrhundert ermöglicht, seine Botschaften weit anschaulicher und einprägsamer zu vermitteln als im Zeitalter der Druckerschwärze und der Fernseh-Kommode.

Wozu Journalismus? Weil Journalismus Standards setzen kann in der Netz-Anarchie. Die digitale Welt braucht Anker der Verlässlichkeit. Die kann der Journalismus mit solider Recherche, den Regeln von Check und Gegencheck, der Achtung vor Persönlichkeitsrechten samt Informantenschutz bieten. Mit seiner stoischen Unvoreingenommenheit und dem Grundsatz »Der Journalist spricht von einer höheren Warte als von den Zinnen der Partei« – oder eines x-beliebigen Interessenverbandes wird er im Blogger-Kosmos des unbekümmerten Plapperns zu einer Vertrauensinstanz. Journalisten sind nicht Betreiber einer digitalen Quasselbude. Sie bieten Materialien zur Meinungsbildung und laden ein zur Entscheidung.

Mit dieser Haltung überträgt der klassische Journalismus seine Glaubwürdigkeit ins Netz und verschafft sich Zugang zu Bevölkerungsgruppen, die er weder mit dem Stakkato der Nachrichtensendungen, noch mit dem »Seriositätsfetischismus« (Harald Staun) ausufernder Analysen erreichen kann. Das knappe Argument, die pointierte Meinung wirke bei vielen Bürger wie der leichte Schlag auf den Hinterkopf, der bekanntlich das Nachdenken anregt.

Das Abitur berechtigt zwar noch zur Aufnahme eines Bachelor-Studiums, aber es befähigt nicht jeden zur Lektüre der *Zeit*. Nahezu zwanzig Prozent der Deutschen sind printresistent und haben Schwierigkeiten, einen längeren Satz zu lesen, geschweige denn, ihn zu verstehen.

Wozu Journalismus? Weil er die restlichen achtzig Prozent als Mitdenker und Weltbeweger gewinnen muss.

Verständlichkeit, persönliche Nähe, Emotion

Die trockene Nachricht war noch nie des Lesers Leibgericht. Der Journalismus muss sich vom Dünkel verabschieden, Dienstleister für die gebildeten Stände zu sein. Sein gesellschaftlicher Auftrag verpflichtet ihn, allen Gruppen dieser Gesellschaft vom Hochakademiker bis zum gerade noch des Alphabets kundigen Prekariatsangehörigen ein attraktives Angebot zur Welterklärung zu machen, das sich an ihrem jeweiligen Horizont, ihren Erfahrungen und Kenntnissen orientiert.

Im Kern des Kontrakts, den der Kunde täglich neu mit den Medien schließt, stehen Verständlichkeit, persönliche Nähe und Emotion. Auch mit Gefühlen lässt sich argumentieren. Die Medienbürger des digitalen Zeitalters denken, fühlen und handeln anders, als Normsetzungen, die lange als unverrückbar galten, es nahelegen. Für das Private galt ein Vermummungsgebot. Jetzt geht das Private an die Öffentlichkeit.

Sterbenskranke beschreiben in den Medien ihren psychischen Ausnahmezustand. Sie verstecken ihre von Chemotherapie gezeichneten Körper nicht länger unter Make-up und Perücken. Für sie ist die Veröffentlichung des Intimen nicht Tyrannei, sondern Befreiung. Mit dem bewussten Bruch der Intimität rütteln sie auf, brechen das Beschweigen ihrer tödlichen Krankheit. Mit Hilfe der Medien befreien sie sich aus dem Kerker der sozialen Isolation.

Wozu Journalismus? Journalismus muss Tabubrecher sein. Er verlässt die sichere Distanz und wendet sich menschlichen Schicksalen zu. So ermöglicht er Miterleiden und Miterleben und schafft Empathie.

Aufklärung ist keine Buchstabenfrage. Auch Emotionen können Argumente sein. Nach dem Amoklauf von Winnenden veröffentlichten Eltern Fotos ihrer ermordeten Kindern, um den Opfern der Gewalt »ein Gesicht zu geben«. Mit diesen hochemotionalen Bildern setzten sie sich für eine Verschärfung des Waffenrechts ein. Ihr Schicksal verlieh ihnen Glaubwürdigkeit und Überzeugungskraft, die kein noch so beredter Volksvertreter je erreichen kann.

Verdrängungsapostel herausfordern

Was angesichts eines Bilderverbots von Schlachtfeldern und Naturkatastrophen als Achtung vor der Intimsphäre oder als Schutzbedürfnis der Betroffenen ins Feld geführt wird, dient häufig dazu, dem Medienkonsumenten den Blick in eine immer ungemütlicher werdende Welt zu blockieren. Dagegen steht das journalistische Ethos, dass um die Würde des Menschen zu wahren, auch seine Entwürdigung gezeigt werden muss – wie mit den Bildsequenzen von der sterbenden Neda Agha-Soltan in Iran oder mit den Fotos der zwischen Betontrümmern eingeklemmten Kinder von Port-au-Prince.

Wozu Journalismus? Weil Journalisten Wahrheitsfanatiker sind. Sie fordern die Verdrängungsapostel heraus, die verschont bleiben möchten von Fotos misshandelter Kinder, die nicht die Opfer des Amoklaufs sehen wollen, sondern nur die Trauerfeier, auf der ein

Pastor besinnliche Worte spricht und die Trauergäste bis auf ein paar von der Kamera ausgesparte Tränen die Fassung bewahren.

Medien sind Welterklärer

Wozu Journalismus? Weil Journalismus die Menschen aus der Fassung bringen und die Festung ihrer Selbstgerechtigkeit sprengen muss.

Medien sind Welterklärer. Sie müssen unnachsichtig erklären, warum Politiker zu Politikverweigerern werden. Wer dem eigenen politischen Programm nicht vertraut, versteckt sich hinter privaten Schnurren: Die Bundeskanzlerin, wenn sie ein paar Tage vor der Bundestagswahl einer erheiterten Herrenrunde erläutert, wie sie Artischocken einkauft – in der Dose und nicht am Marktstand wie ihr Vorbild die schwäbische Hausfrau.

Lieber Sigmar Gabriel, seien Sie gewarnt. Nachdem Sie der Öffentlichkeit tröpfchenweise mitgeteilt haben, dass Sie im Besitz eines Segelscheins sind, wollen wir Sie nicht bei stürmischer See wie Käpt'n Ahab an das Ruder Ihrer Jolle gekettet sehen. Uns hat gereicht, dass uns Merkel mit Artischocken bewarf und Gabriels Vorvorgänger Kurt Beck sich im Angesicht klickender Kameras des Hundes seiner Moselwirtin bemächtigte, um uns seine Tier- und Menschenliebe vor Augen zu führen. Jeder Politiker wird allein daran zu messen sein, ob er seine politischen Aufgaben erfüllt und seine Versprechen einhält.

Wozu Journalismus? Bitte nicht als Familienalbum der Politik.

Journalismus muss nachhaltig sein! Wo Politiker ihre Versprechen nicht halten, wo Probleme wolkig wegdefiniert werden, da lautet der journalistische Auftrag: Dranbleiben und nichts durchgehen lassen, jedes Versprechen so lange aufrufen, bis es erfüllt oder als falsches Versprechen entlarvt ist.

Journalismus muss kampagnenfähig sein. Seine Verbündeten sind die Bürger im Internet. Sie sind Tippgeber, Nachrichtenlieferanten, Mitdiskutanten. Wenn sich Journalisten zu Organisatoren von Netzdiskussionen machen, wenn sie steuern, korrigieren und sachlichen Input geben, dann erfüllt der Journalismus seine gesellschaftliche Funktion als Aufkärer und Welterklärer.

Wozu Journalismus? Weil der Journalist Bürgerbeauftragter ist und im Gegensatz zur Politik nie den Kontakt zur Basis verliert. Der Basiskontakt lässt sich täglich an Auflage, Marktanteil und Verkaufserlös messen. Und die Basis hat das Zeug zum Mitmach-Reporter.

Papst Benedikt bei einem Gläschen Schnaps

Der Aufstand gegen den Leserreporter von *Bild* war ein Aufstand der Bigotterie. Nichts belegt das besser als jenes Leserfoto, das aus Gründen der Diskretion vom Boulevard nicht gedruckt wurde, aber dafür in der *FAZ* Karriere machte. Es war der Schnappschuss, auf dem Papst Benedikt beim Deutschlandbesuch mit seinem Bruder entspannt auf der Terrasse ein Schnäpschen trinkt. Der Abdruck von Leserfotos ist so alt wie die Fotografie in der Zeitung – vom Luftschiffabsturz 1913 in Berlin-Johannisthal bis zu den stürzenden Wolkenkratzern von 9/11. Aber die Prüfung von user generated content in Text und Bild verlangt eine personell intensive Begleitung und Nacharbeit.

Liebe Verleger, wenn Euch das zu teuer ist, setzt Ihr die Glaubwürdigkeit des journalistischen Produkts aufs Spiel. Aber ohne das Alleinstellungsmerkmal Glaubwürdigkeit stellt sich die Frage mit Recht:

Wozu Journalismus? Weil die Medien als Glaubwürdigkeitsagenturen eine neue Verpflichtung zu übernehmen haben. Wie verführerisch das Motto, »Augenzeugen übernehmen die Nachrichten« klingen mag, der Empfänger einer *Twitter*-Botschaft weiß nicht, wie echt die Augenzeugenschaft ist. Echtzeit sagt nichts über die Echtheit der Information. Damit aus der Vielfalt von Infobits, Eindrücken und Gerüchten, von Selbsterlebtem und Ausgedachtem verlässliche Nachrichten werden, bedarf es der Prüfung durch journalistischen Fachverstand. Journalismus ist nötig, damit aus Zufallskommunikation Verlässlichkeitskommunikation wird.

Wozu Journalismus? Weil er unser Leben bereichert. Deshalb sage ich meinen Kollegen: Achtet den Leser, den Hörer, den Zuschauer. Gönnt ihm ab und zu einen überraschenden Gedanken, eine neue Idee. Er ist es wert. Werdet nicht Bauchredner des Publikums. Erfüllt die Wünsche der Kundschaft, aber drückt nicht in vorauseilendem Gehorsam die Standards weiter nach unten. Seid

nicht Schwarzmaler oder Schönfärber, sondern verlässliche Bünd-
nispartner und besonnene Welterklärer. Dann stellt sich die Frage
nicht mehr: Wozu Journalismus? Die tägliche journalistische Arbeit ist Antwort genug.

Journalisten müssen Täter sein

Zwei Lager bei der Berichterstattung: Um Willy Brandts Ostpolitik stritten die Journalisten – und die Leser. So sollte Journalismus aussehen.

Von Manfred Bissinger

© dpa

Manfred Bissinger, Jahrgang 1940, war Geschäftsführer, Herausgeber und Chefredakteur der Wochenzeitung *Die Woche,* deren Erscheinen 2002 eingestellt wurde. Bis 2010 war er Geschäftsführer Corporate Publishing beim Hoffmann und Campe Verlag. Seither arbeitet er als Berater der Ganske Verlagsgruppe.

Wer über die Zukunft des Journalismus nachdenken will, muss zuallererst den Blick auf die Gegenwart fixieren. Ich hatte dazu gerade ausgiebig Gelegenheit, denn der Zufall wollte, dass ich in die Jury des neu gegründeten Deutschen Reporterpreises gebeten worden war; gegründet im vergangenen Jahr von Cordt Schnibben, Stephan Lebert, Ariel Hauptmeier und anderen mit dem Ziel, der eigenen Profession zu neuem Glanz und Schwung zu verhelfen. Ein bisschen auch, so schien mir, um der anschwellenden Depression der schreibenden Zunft entgegenzuwirken.

Glänzende Reporter in wenigen Titeln

Finanziert wird der Preis von einer Stiftung, er ist unabhängig, weil von denjenigen vergeben, die ihn am liebsten auch selbst gewinnen würden, also keines der vielen Marketing-Instrumente, mit denen Verlage und Sender seit Jahren Aufmerksamkeit zu erheischen suchen.

Der Jury anzugehören, war nicht nur kurzweilig, es war auch erkenntnisreich. Von den 624 eingereichten Veröffentlichungen blieben nach Sichtung durch Vorjurys 48 Arbeiten übrig, die einen repräsentativen Blick auf unsere Zunft erlaubten, der mich froh stimmte, andererseits auch erschreckte. Froh, weil etliche Texte beste Recherche, ungewöhnliche Beobachtungen und scharfsinnige Analysen lieferten. Glänzende Reporterarbeit also.

Erschrocken, weil die preiswürdigen Arbeiten in nur noch wenigen Blättern erschienen waren. Die meisten in *Spiegel* und *Zeit,* die ihre Spitzenstellung bei der recherchierten Reportage immer weiter ausbauen, einige in der *Süddeutschen Zeitung* und dem dazugehörenden Magazin, wenige in *brand eins, Focus* oder *Stern.* In der publizistischen Ebene scheint der Ehrgeiz, erstklassige journalistische Arbeit abzuliefern, nur noch in Spurenelementen vorhanden.

Was folgern wir daraus? Dass der fast täglich prophezeite Untergang von Zeitungen und Zeitschriften schon tiefe Spuren hinterlassen hat (self fulfilling prophecy) und in der Verlagslandschaft ein Überlebenskampf tobt, in dem controllinggetriebener Sparwille gegen journalistische Inhalte ausgespielt wird?

Warum, so muss weiter gefragt werden, waren Frankfurter Allgemeine und Welt sowie die großen regionalen Tageszeitungen mit keiner oder gerade mal einer preiswürdigen Arbeit präsent? Haben die Journalisten aus Jobangst resigniert oder in vorauseilendem Gehorsam gegenüber den Kaufleuten die arbeitsaufwändigen Themen gar nicht erst in die Redaktionskonferenz getragen?

Klar, es gibt Sorgen und die sind manches Mal mehr als berechtigt. Es fördert journalistisches Engagement nicht gerade, wenn ein großer Tageszeitungsverlag, wie DuMont Schauberg wegbrechende Anzeigenerlöse durch Zusammenlegung von Ressorts zwischen Köln (*Stadt-Anzeiger*), Berlin (*Berliner Zeitung*) und Frankfurt (*Frankfurter Rundschau*) zu kompensieren sucht.

Aber mit dem gebetsmühlenartigen Ruf nach Erhalt der Autonomie werden die Kassen auch nicht voller – und die Verleger nicht williger. Ganz abgesehen davon, dass es für einen an Aufklärung und Öffentlichkeit interessierten (wofür arbeiten wir?) Reporter nur gut sein kann, wenn seine Geschichte parallel in drei Ballungsgebieten gedruckt wird und Wirkung entfalten kann.

Manipulationsskandale im Kopf

Warum also, frage ich mich, reagieren die betroffenen Kolleginnen und Kollegen nicht offensiver auf die vertrackte Situation: Wenn die Verlagsmanager Personalkosten einzusparen gedenken, dann könnten sie doch einen Teil der frei werdenden Gelder in die Qualität des Auftritts investieren. Oder anders gefordert, mindestens die Hälfte der gesparten Euros sollten für investigative Geschichten bereitgestellt werden. Das nützte Ansehen und Erfolg aller drei Blätter, denn sie würden besser und unverzichtbarer; das hilft dem Verlag sogar bei der gebührenpflichtigen Vermarktung im Internet.

Ein ausgereifter Artikel voll Individualität, Kreativität und somit Qualität ist für das Überleben des Journalismus und seiner Abspielbasen wichtiger, als dreimal mittelmäßiger Standard. Er schafft zudem Glaubwürdigkeit, Professionalität, Exklusivität und Unabhängigkeit. Das sind schließlich entscheidende Vorteile des Journalismus. Selbst im Internet, das mit jedem Tag stärker von PR und Unternehmensprosa durchwirkt und beherrscht wird. Wir haben die Manipulationsskandale im Kopf. Stichwort Wikipedia. Die Suchmaschinen unterscheiden nicht nach Qualität und Faktentreue – da hat das manipulierte Falsche ebenso seine Chance, wie das recherchierte Wahre.

Informationsflut bändigen

Es ist wenig überraschend, wenn im Netz vor allem die Blogs erfolgreich sind, die von großen journalistischen Marken entwickelt und verbreitet werden. Denkbar sind sie meist sowieso nur, weil viele der journalistischen Texte noch für Print, TV oder Radio erarbeitet und durch sie finanziert werden. Das Internet dient gerade mal als zusätzlicher Vertriebskanal, der allerdings über die Jahre die Chance hat, die verloren geglaubten Werbegelder wieder in die Verlage zurückzuholen. Warum sollte es sich nicht eines Tages umkehren und erfolgreiche Internetauftritte Printmedien subventionieren?

Wozu also Journalismus? Die Antwort kennt jeder. Weil ohne Aufklärung, und für die sorgen zuallererst die Journalisten, das demokratische Miteinander und übrigens auch die soziale Marktwirtschaft gefährdet sein würden. Ein großer Satz, ich weiß es wohl, aber er kann nicht oft genug gesagt und geschrieben werden. Die Bürgerinnen und Bürger sind in der komplexer werdenden Welt darauf angewiesen, dass es gut ausgebildete Redakteure und Schreiber gibt, die ihnen eine Schneise durch den Informationsdschungel schlagen. Es gehört zum Berufsfeld des Journalisten, die Flut der Informationen zu bändigen und sie fürs Publikum sachgerecht zu sortieren und aufzuarbeiten.

Wenn erst mal die Lobbyisten, gleich welcher Couleur, die Macht über die veröffentlichte Meinung gewinnen – egal, ob in Zeitung, Zeitschrift, Radio, Fernsehen oder über zielgerichtete Webseiten –, dann ist der Indoktrination Tür und Tor geöffnet. Mit all den unübersehbaren Folgen für das freie Wort und das unabhängige Urteil. Dabei sollten die Kolleginnen und Kollegen ruhig mal die ihnen nur zu gern zugewiesene Rolle als »Merker« verlassen, das heißt, es nicht allein beim Abmalen der Wirklichkeit belassen und lieber mal als »Täter« Einfluss zu nehmen suchen.

Hier Sozialismus, dort Kapitalismus

Mir sei an dieser Stelle ein Zwischenruf erlaubt, der meiner Vergangenheit geschuldet ist: Bis in die 1980er Jahre hinein war die journalistische Täterschaft durchaus üblich. Ja, sie war sogar sehr erfolgreich. Da kämpften beispielsweise *Stern, Spiegel, Zeit, Süddeutsche* oder *Frankfurter Rundschau* für eine liberalere, eine offenere Welt. Sie wollten den autoritären Stil der Adenauer-Jahre hinter sich lassen, den wiederum *Bild, Welt, Quick, Bunte* oder *FAZ* mit Inbrunst zu verteidigen suchten.

Das Ergebnis war eine heftige, öffentliche Auseinandersetzung, aber eben auch fruchtbarer Streit. So sorgte beispielsweise das Für oder Wider zur Ostpolitik von Willy Brandt und Walter Scheel dafür, dass am Ende beide Lager, das sozialliberale wie das konservative, davon zu profitieren wussten und die Fronten – hier Sozialismus, dort Kapitalismus – langsam aber sicher erodierten.

Den Streit ausgetragen und zu einem positiven Ende (Wiedervereinigung) geführt zu haben, war aber nicht allein das Verdienst einiger Politiker, wie Brandt oder Hans-Dietrich Genscher, Helmut Schmidt oder Helmut Kohl, sondern es waren auch große Journalisten-Verleger wie Rudolf Augstein, Henri Nannen, Marion Gräfin Dönhoff, Werner Friedmann und Karl Gerold links der Mitte, sowie Axel Springer, Peter Boenisch, Paul-Wilhelm Wenger, Herbert Kremp, Hans Habe, Hans Zehrer, Karl Ludwig Fromme, Wilfried Hertz-Eichenrode rechts davon. Beide *Lager* brillierten durch Haltung, Passion und Vision.

Die sich daraus entwickelnden Schlachten faszinierten die Leser. Sie bescherten den Lesern interessante Geschichten und den Verlagen Aufmerksamkeit, Anerkennung und damit wirtschaftlichen Erfolg. Der Kampf der Argumente beflügelte die Leidenschaft der Redakteure, er steigerte die Auflagen und animierte sogar die Anzeigenkunden.

Der Journalismus lebte und es wäre niemandem eingefallen, den eigenen Untergang zu prophezeien, obwohl sich auch damals mit dem Start des Privatfernsehens und seinen unendlichen Kanälen eine neue Macht am Medienhimmel etablierte und große Teile des Werbekuchens okkupierte. Und bitte sage jetzt keiner, es gäbe die großen, streitigen Themen heute nicht mehr. Der Einsatz der Bundeswehr in Afghanistan oder radikale Schlussfolgerungen aus der Finanzkrise sind nur zwei Themen, die sich vorzüglich für heftigste Auseinandersetzungen eigneten.

Will sagen: Soll der Journalismus zu neuer Blüte kommen, darf er sich nicht länger zurückpfeifen lassen. Gefragt ist die Kunst der Zuspitzung, die der Wahrheitsfindung dienlicher ist als jedes Kompromissgebrabbel. Und beendet werden muss das künstliche Gegeneinander der Vertriebskanäle Print, Radio/TV und des Internets. Es gilt, gemeinsame Standards für Inhalte und Qualität zu entwickeln. Standards, die von im Internet dilettierenden Laien-Bloggern, Leserreportern oder PR-Spezialisten nicht erfüllt werden können. So jedenfalls ließe sich die exponierte Stellung des Journalistenberufs verteidigen.

Wie erfolgreicher Journalismus immer besser werden kann, führt seit Monaten die »Seite 3« der *Süddeutschen Zeitung* vor, die dank des Engagements ihrer Redakteure und Reporter von Woche zu Woche neuen Höhepunkten entgegeneilt. Sie liefert zudem den Beweis, dass Print dem Internet immer überlegen sein wird. Wenn dann auch noch Haltung hinzukommt, und ich meine das ausdrücklich nicht ideologisch, dann ist mir um unsere Zukunft nicht bange – egal, auf welchen Kanälen wir Triumphe feiern.

Ohne Journalismus keine Demokratie

Unsere Zunft hat in den vergangenen Jahrzehnten manche Krise durch großartige Leistungen überstanden. Gefördert und veranstaltet durch kreative Verlage und mutige Verleger, aber erarbeitet vor allem von denen, die den Medien erst den Glanz verliehen, den Reportern, den Autoren, den Redakteuren. Ohne sie kein Journalismus und ohne Journalismus keine Aufklärung und ohne Aufklärung keine Demokratie. So einfach und so pathetisch ist die Formel.

Insoweit war für mich die Gründung des Deutschen Reporterpreises eine Ermutigung, auf dem schwierigen Weg, den der Journalismus noch vor sich hat, will er nicht in der Bedeutungslosigkeit versinken. Merke: Auch Eliten überleben nur durch Selbstvergewisserung.

Vorteil Internet

Online bietet unendliche Möglichkeiten – gerade für Journalisten. Doch vielfach wird in Deutschland noch ein Kampf Papier gegen Internet geführt.

Von Stefan Niggemeier

© Jan Zappner

Stefan Niggemeier, Jahrgang 1969, ist einer der bekanntesten und mehrfach ausgezeichneten Blogger Deutschlands (*Bildblog*, »Stefan-Niggemeier.de«). Zuvor war er verantwortlicher Medienredakteur der *Frankfurter Allgemeinen Sonntagszeitung* und ist dort regelmäßig zu lesen.

Und dann war da plötzlich ein Medium, mit dem man alles machen konnte. Journalisten, die ein langes Interview geführt hatten, für das in der Zeitung nicht genügend Platz war, konnten es trotzdem in ganzer Länge veröffentlichen. Kritiker konnten ihrem Publikum zeigen, worüber sie schrieben: die Kunst, das Bauwerk, den Film, mit beliebig vielen Fotos oder bewegten Bildern. Meldungen konnten sich auf die Neuigkeiten des Tages beschränken und für diejenigen, die die Vorgeschichte nicht mitbekommen hatten, einen Link auf die entsprechende Meldung vom Vortag setzen.

Kommentatoren konnten eine echte öffentliche Debatte führen und auf widersprechende Meinungen in anderen Medien verweisen, und die Leser konnten sich daran beteiligen und untereinander und mit den Autoren diskutieren. Nachrichten konnten das Publikum sofort erreichen, egal wann sie passierten. Fehler konnten an Ort und Stelle korrigiert werden. Rechercheure konnten dem interessierten Publikum die brisanten Dokumente, die sie aufgetan hatten, zeigen. Aufklärer konnten ihre Argumente mit Quellen untermauern, von deren Aussagekraft sich die Leser ein eigenes Bild machen konnte.

Die aufwändig produzierten Inhalte von gestern verstaubten nicht mehr in irgendwelchen Archiven, sondern blieben zugänglich. Und sie mussten nicht erst teuer und zeitraubend auf Papier gedruckt und durch das ganze Land verschickt werden, um zu den Lesern zu kommen.

Eigentlich müssten La-Ola-Wellen von Journalisten durch das Land schwappen, vor lauter Begeisterung darüber, wie das Internet ihre Arbeit erleichtert und verbessert und ihre Möglichkeiten potenziert hat. Das Gegenteil ist der Fall. Die Online-Welten werden abgetan und belächelt, als Heimat für Betrüger und Perverse denunziert, die digitalen Vorreiter als »Internet-Apologeten« verspottet. Jedes Indiz dafür, dass die junge Internet-Welt noch nicht mithalten kann mit den über viele Jahrzehnte, Jahrhunderte etablierten Formen der Produktion und Finanzierung von Journalismus, wird als Scheinbeleg für die vermeintlich immanent Überlegenheit der Wissensvermittlung auf Papier gefeiert.

Dem Internet wird das egal sein. Es ist nicht auf gute Presse angewiesen. Seine technischen Vorteile sind für die meisten Menschen, die jungen zumal, so offenkundig, dass sie auch nicht darauf hereinfallen, dass in der Rhetorik der Papierjournalistenlobby das

Internet synonym ist mit marodierenden Kinderschänderbanden, der Kiosk hingegen anscheinend nur edle Hochglanzzeitschriften feinster Recherchekunst anbietet.

Ein Problem wird die die Internetfeindlichkeit der klassischen Medien und Journalisten nur – für die klassischen Medien und Journalisten.

Ist es nicht erstaunlich, in welch geringem Maße Journalisten Gebrauch machen von den Möglichkeiten des neuen Mediums? Es gibt in Deutschland wenig, das man wirklich als »Online-Journalismus« bezeichnen könnte. Was es stattdessen im Überfluss gibt: Übernahmen aus Printmedien, ergänzt durch Bildergalerien, hinter denen erkennbar weniger ein publizistisches Interesse steht als der Versuch, möglichst viele Klicks zu generieren. Automatisch oder halbautomatisch übernommene Agenturmeldungen, illustriert mit dem erstbesten Symbolfoto aus dem Archiv. Und hastig ab- und zusammengeschriebene Textchen mit Klatsch und Tratsch.

Eine Frage der fehlenden Etats

Das ist natürlich eine Frage der fehlenden Etats. Aber es spricht auch für ein erhebliches Misstrauen gegenüber den neuen Formen und Möglichkeiten – und den ungewohnten Regeln, die im Internet gelten. Schon das Verlinken auf andere Seiten, eine der Ur-Funktionen des Netzes, scheint bei den deutschen Online-Medien auf erhebliche innere Widerstände zu stoßen; nur allmählich setzt sich die Praxis durch.

Als Erklärung für das, gelinde gesagt: zurückhaltende Engagement deutscher Medien im Netz müssen immer wieder die mangelnden Refinanzierungsmöglichkeiten herhalten. Natürlich ist das nicht falsch. Natürlich kann man verstehen, dass ein Verlag zögert, bevor er es riskiert, ein noch halbwegs funktionierendes Erlösmodell möglicherweise durch ein Angebot zu kannibalisieren, bei dem die Werbeerlöse zur Zeit ungleich niedriger und die Vertriebserlöse Fehlanzeige sind. Aber das Risiko einer scheinbaren Risiko-Vermeidungsstrategie dürfte noch größer sein.

Strategie beim Stern

Wer sein Online-Angebot auf ein Minimum reduziert, um die Menschen zu zwingen, das Print-Produkt zu kaufen, läuft Gefahr, für eine ganze Generation gar nicht mehr präsent zu sein. Der Stern etwa konzentriert sich im Internet im Wesentlichen darauf, Agenturmeldungen hübsch aufzubereiten und mit einzelnen Kolumnen anzureichern. Die einbrechenden Auflagenzahlen des gedruckten Stern deuten eher nicht darauf hin, dass das die Menschen dazu bringt, massenhaft an den Kiosk zu gehen. Und junge Leute, die das Heft selbst womöglich nie in der Hand hatten, kämen angesichts des real existierenden *stern.de* vermutlich nicht auf die Idee, dass sich hinter der Muttermarke ein traditionsreiches Angebot mit großen Reportagen und üppigen Fotos verbirgt.

Nach der aktuell unter Verlegern vorherrschenden Interpretation schützt der Stern seine Einnahmen dadurch, dass er seine exklusiven Inhalte nicht online verschenkt. Stattdessen verschenkt der Stern aber so die Möglichkeit, sich neue Leser zu erschließen, die das spezielle journalistische Angebot von Stern womöglich zu schätzen wüssten – was jedenfalls wahrscheinlicher ist als beim Agentureinerlei auf *stern.de*. Wer glaubt, dass er im Internet nur zweite Wahl anbieten muss, darf sich nicht wundern, wenn das Image seiner Marke leidet.

Die Aussage, dass sich Qualitäts-Journalismus im Internet nicht refinanzieren lässt, wird von den Print-Lobbyisten so oft wiederholt, als handele es sich um ein Naturgesetz. Dabei handelt es sich bislang nur um eine Momentaufnahme in einem Medium, das gerade erst zum Massenmedium geworden ist und sich immer noch rasant verändert. Dabei spricht wenig dafür, dass die Art, wie wir heute Nachrichten und Hintergründe im Internet lesen, in immer neuen Varianten des *Spiegel Online*-Musters, von Dauer sein wird.

Übertragung in die digitale Welt

Es hat einerseits etwas Beunruhigendes, wie übersteigert die Hoffnungen und Erwartungen sind, die sich mit der Ankündigung eines neuen Apple-Computers in Form eines Tabletts verbinden.

Andererseits zeigt dieses Beispiel, wie sehr diese Technologien und dieser Markt sich gerade noch entwickeln und was für Möglichkeiten zur journalistischen Darstellung sie noch versprechen, von denen wir heute nur träumen.

Es gibt Prototypen dafür, wie sich Zeitschrifteninhalte auf solche und ähnliche Geräte bringen lassen, die auf brillante Weise die Opulenz und Haptik von Magazinen in die digitale Welt übertragen und clever mit den Möglichkeiten des Netzes kombinieren. Vielleicht werden die Menschen bereit sein, für solche Angebote in Zukunft zu zahlen. Vielleicht reicht es auch schon, wenn Markenartikler die Präsentationsformen in solchen Angeboten attraktiv genug finden. Sicher ist nur: Das Festhalten an Papier wird in Zukunft für die wenigsten ein Geschäftsmodell sein.

Auch das muss man festhalten: Es mag sein, dass in Zukunft weniger Journalisten gebraucht werden. Jedenfalls nicht die Heerscharen, deren Arbeit vor allem daraus besteht, Agenturmeldungen ins eigene Redaktionssystem zu pflegen und das noch einmal aufzuschreiben, was überall anders schon steht. Der Online-Journalismus wirkt manchmal wie eine reine Vervielfältigungs-Maschine von Inhalten. Das war der Print-Journalismus in vielen Bereichen auch schon, aber den Lesern der *Emder Zeitung* fiel natürlich nicht auf, wenn in der *Braunschweiger Zeitung* dieselben Meldungen standen.

Die publizistische Chance und die ökonomische Pflicht werden für die meisten professionellen Medien darin bestehen, eigene Inhalte zu recherchieren und zu produzieren, sich zu spezialisieren und im Dialog mit den Lesern eine eigene Kompetenz aufzubauen und zu pflegen. Viel zu sehr sind die Medienunternehmen im Netz noch damit beschäftigt, besinnungslos Reichweite zu generieren, indem sie alles anbieten und einen bizarren Leser-Sammel-Wettbewerb veranstalten.

Matt Kelly, der Digital-Chef des britischen Verlages Trinity Mirror, hat es treffend formuliert:

»Die Suche nach eine Fantastillion ›Unique Users‹ – von woher auch immer und mit egal wie wenig Aufmerksamkeit –, ist schuld daran, dass viele unserer Zeitungsableger der großen Markenkraft und des Wertes und Charakters beraubt wurden, den das, was wir machen, eigentlich von all den Aggregatoren und billigen, wertlosen Nachrichtenseiten da draußen unterscheiden. Solange wir nicht in den sauren Apfel beißen und uns aus diesem wahnsinnigen Nutzerwettrennen verabschieden und uns stattdessen darauf konzentrieren, engagierte, loyale Leserschaften zu bilden, werden wir weiter zusehen müssen, wie der Wert unserer Inhalte online abnimmt. Mir müssen sofort damit anfangen, das, was wir online produzieren, wieder mit einem Gefühl für Werthaftigkeit und Besonderheit zu füllen.«

Fixierung auf Page Impressions

Hierzulande ist man von diesem Gedanken noch weiter entfernt als in Großbritannien – gegen die Fixierung auf Page Impressions, die zu den unseligen Klickstrecken geführt hat und von der man sich allmählich löst, ist der Unique User als Messgröße schon ein großer Fortschritt.

»Wozu noch Journalismus?« – das ist nicht der Achselzucker eines Twitterers und *Facebook*-Abhängigen. »Wozu noch Journalismus?« ist die Frage, die sich Journalisten und Verleger im Internet wieder stellen müssen, um sich auf die Grundlagen zu besinnen. Warum machen wir das hier eigentlich? Was wollen wir? Möglichst viele Leute mit irgendwas erreichen? Möglichst viel Geld mit irgendwas verdienen? Oder haben wir etwas zu sagen?

An der Notwendigkeit von Journalismus hat sich nichts geändert. Geändert hat sich nur, dass er nicht mehr in einer Welt des Informationsmangels, sondern des Informationsüberflusses stattfindet. Die Aufgabe des Journalisten inmitten des Durcheinanders lässt sich ganz einfach beschreiben: das Wichtige vom Unwichtigen zu trennen und das Richtige vom Falschen. Das Wie hat sich geändert, nicht das Wozu.

Nicht gebraucht wird nur schlechter Journalismus. Aber das war schon immer so. Es fiel früher nur nicht so auf.

Das ist nicht Ihr Kanzleramt!

Die Presse und die Regierungschefin: Warum Angela Merkel Journalisten als Handlanger betrachtet und was daran gefährlich ist.

Von Jakob Augstein

© der freitag

Jakob Augstein, Jahrgang 1967, arbeitet als Journalist und Verleger. Er hat bei der *Süddeutschen Zeitung* volontiert und leitet seit 2008 die Wochenzeitung *der Freitag* in Berlin.

Sie wollen wissen »Wozu noch Journalismus«? Was für eine Frage, denkt man. Da können Sie ja genauso gut fragen, wozu noch Schuhe an den Füßen, denkt man, oder Butter auf dem Brot. Man will sich gar nicht vorstellen, dass es ohne Journalismus geht. Also unsere Gesellschaft, unsere Öffentlichkeit, unser System, unsere Freiheit.

Oder wie Angela Merkel den Gedanken ausdrückt: »Die freien Medien sind ja sozusagen ein Teil des Lebenselixiers jeder Demokratie.« Sie hat das im März 2009 vor jungen Journalisten gesagt, unsere Bundeskanzlerin, die ja eine der mächtigsten Frauen der Welt ist, aber leider nicht eine der wortmächtigsten. Journalismus tut not, denkt man ja. So wie Seefahrt früher nottat.

Zur See fahren, aber nicht leben

Navigare necesse est. Aber der Spruch geht noch weiter: Vivere non est necesse. Man muss zur See fahren, aber nicht leben. Das war schon zur Römerzeit Unsinn und umgekehrt wurde der Schuh daraus. Dem Journalismus kann es ähnlich ergehen: Es gibt ein Leben ohne ihn. Es sollte einen ja stutzig machen, denkt man, wenn die Bundeskanzlerin so teilnahmsvoll über den Journalismus redet, und man erinnert sich an die Worte des Journalisten Gay Talese: »Sie lügen alle! Man darf ihnen nichts glauben! Niemals!«

Das galt der Klasse der Politiker. Talese ist einer der größten Reporter Amerikas und er hat eine klare Haltung dazu, wie das Verhältnis von Politik und Journalismus gestaltet sein soll: Gar nicht! Politiker sollen Journalisten fürchten. Und Journalisten sollen Politikern misstrauen.

In Amerika sterben die Zeitungen, hierzulande leiden sie. Amerika ist uns immer ein bisschen voraus. Was hat der Journalismus in Amerika falsch gemacht, dass die Menschen meinen, ohne ihn auskommen zu können? Dass der Journalismus nicht mehr nottut? Gay Talese sagt: »Die Medien sind der Macht zu nahe gekommen. Der perfekte Journalist ist immer ein Fremder.« Talese beschreibt die Journalistengeneration der amerikanischen Nachkriegszeit, deren Eltern Einwanderer waren, Juden, Italiener.

Sie berichteten über eine andere Klasse, eine höhere Klasse, die

White Anglo-Saxon Protestants der Ostküste: »Wir warteten draußen, bis sie herauskamen und uns Krümel hinwarfen. Brocken.
Wir haben sie nicht gehasst. Wir haben sie beobachtet. Es fiel uns
leicht, dagegen zu sein.« Und heute? Man hat sich angenähert.
Der soziale Aufstieg hat die Journalisten selber in die herrschende
Klasse gespült: Ihre Kinder besuchen dieselben Schulen, sie wohnen in denselben Vierteln, sie gehören zu denselben Klubs: »Es
gibt zwischen den Medien und der Macht heute eine Verwandt-
schaft, die es früher nicht gab. Einen Mangel an Skeptizismus.«

Talese hat ein eindringliches Bild dafür gefunden, was Journalisten sein sollen, wie sie arbeiten sollen: »Wir Journalisten sollten
eine Religion der Ungläubigkeit predigen! Ein Heiliger Orden der
Ungläubigen, das sollten wir sein. Wir sollten unseren Dienst in
Klöstern der Wahrheit tun, über die Schriften gebeugt. Und diese
Klöster sollten weit, weit weg sein von den Palästen.« Davon war
in Merkels Rede vor der Konrad-Adenauer-Stiftung gar nichts zu
spüren.

Im Gegenteil. Sie gab den jungen Kollegen wohlmeinende Rat-
schläge mit auf den Weg: »Wenn man langfristig groß herauskom-
men will, ist, würde ich sagen, eine doppelte Quellenbefragung immer wichtig.« Und bewies überhaupt viel Einfühlungsvermögen für
das Wirken der Presse: »Ihre Tätigkeit ist natürlich auch eine sehr
spannende Tätigkeit«, sagte sie, »mein Plan für den Tag ist meistens
schon fertig. Sie hingegen können gespannt darauf warten, was an
dem Tag passiert und was Eingang in Ihre Arbeit findet.«

Wie Mitarbeiter des Kanzleramts

Was Angela Merkel da gesagt hat, war nur scheinbar von ergrei-
fender sprachlicher und gedanklicher Schlichtheit. Es war bezeich-
nend dafür, dass Journalisten und Politiker sich heute mitnichten
als Gegner verstehen, sondern als Partner.

Merkel hat zu den Journalisten geredet als seien sie Mitarbeiter
einer Abteilung im Kanzleramt.

Und wenn man es sich recht überlegt, kommt man zu dem
Schluss: Ja, so sehen sich mehr und mehr Journalisten auch selbst.
Und wenn das so weitergeht, dann braucht man in der Tat keine
Journalisten mehr. Dann tun Pressesprecher es auch. Das scheint

der Zug der Zeit ohnehin zu sein: Es soll mittlerweile mehr Pressesprecher in Deutschland geben als Journalisten.

Merkels Einladung der Chefredakteure

Ein paar Monate zuvor, am 8. Oktober 2008, hatte es ein sonderbares Treffen gegeben, das in diesem Zusammenhang Erwähnung finden soll. Die Bundeskanzlerin hatte an jenem Tag die bedeutenden Chefredakteure der bedeutenden Medien eingeladen. Es war die Zeit, in die der Ausbruch der großen Finanzkrise fiel. Man findet keinen ausführlichen Bericht über dieses Treffen, der veröffentlicht worden wäre und überhaupt nur wenige Erwähnungen in den Archiven, nur hin und wieder einen Nebensatz, eine knappe Bemerkung. An einer Stelle liest man in dürren Worten, worum es an diesem Abend im Kanzleramt ging: Merkel bat die Journalisten, zurückhaltend über die Krise zu berichten und keine Panik zu schüren.

Sie haben sich daran gehalten, die Chefredakteure. Noch im Februar 2009, vier Monate später, wunderte sich die *taz* über die Medien: »Sie halten die Bürger bei Laune, auf dass diese stillhalten. Wie viel Geld bereits in die Banken gepumpt wurde, wie viele Milliarden Bürgschaftszusagen vergeben wurden (und wie viele Hartz-IV-Monats«löhne« das sind), das steht auch nicht in der Zeitung.

Die *Süddeutsche* vom 15. Januar beispielsweise versteckt die Mitteilung, dass die Hypo Real Estate zum vierten Mal in vier Monaten Milliarden Bargeld und Bürgschaften braucht, unter der Überschrift »Wenn Steinbrück an die Tür klopft«. Die *Bild-Zeitung* übrigens bekam sogar einen Preis dafür, dass sie so »verantwortungsvoll« berichtet habe. Einen Preis, der von Journalisten verliehen wurde.

Nun mag man sich ja fragen: Was hätten die Medien in Deutschland tun sollen, als den Banken der Zusammenbruch drohte? Genauso gut mag man sich fragen, was sie in Amerika hätten tun sollen, nachdem die Twin Towers zusammengebrochen waren? Und als George W. Bush den Krieg gegen den Irak vom Zaun brach. Aber dann muss man sich auch fragen, was sollen sie tun, wenn eine Epidemie droht? Wenn ein Krieg beginnt? Wenn eine Entführung im Gange ist? Wenn der Kanzler schwarze Kassen führt? Wie lautet die richtige Antwort?

Meine Antwort lautet: Ihren Job. Immer. Berichten. Die Wahrheit. So gut sie können. Viele Journalisten sehen das heute anders. Als die erste Regierung Merkel ihren Dienst antrat, äußerte sich Hans-Ulrich Jörges bei einer Podiumsdiskussion: »Wir sollten sie wie rohe Eier behandeln. Diese Truppe ist das vorletzte Aufgebot der deutschen Politik, und ich will nicht, dass es kaputtgeschrieben wird, weil dann das letzte Aufgebot regiert.«

In Teufels Küche

Man sollte sehr hellhörig werden, wenn Journalisten anfangen, sich auf ihre Verantwortung zu berufen. Sie haben nur eine einzige: der Wahrheit gegenüber. Alles andere geht sie nichts an. Journalisten sind für die Landesverteidigung nicht zuständig und für die Stabilisierung des Kapitalismus auch nicht, das Überleben der Bundesregierung muss ihnen ebenso gleichgültig sein, wie der deutsche Außenhandelsüberschuss. Sie kommen andernfalls in Teufels Küche. Da mag es einem warm und behaglich vorkommen.

Aber, um mal im Bild zu bleiben, einen so langen Löffel haben die wenigstens Journalisten, dass sie sich mit dem Teufel unbeschadet zu Tisch setzen könnten. Man darf sich nicht darauf verlassen, dass alle Journalisten sich verhalten wie Kurt Kister: Als der neue Bundeskanzler Gerhard Schröder ihn seinerzeit in einem Berliner Restaurant traf und ihm gönnerhaft zurief, ihn doch einmal in seinem neuen Kanzleramt zu besuchen, da soll Kister ihm entgegnet haben: »Das ist nicht Ihr Kanzleramt, Herr Bundeskanzler.« Wenn Journalisten ihre Unabhängigkeit verlieren, werden sie zu Dienern. Zu Staatsdienern. Solche Journalisten braucht kein Mensch.

Information, Wert, Freiheit

Wir sind ja Zeugen einer Revolution. Wir leben mittendrin. Wir treiben sie selber voran. Und wir werden von ihr getrieben. Das neue Internet Protocol Version 6 erhöht die Zahl möglicher Netz-

Adressen auf 2 hoch 128. Man könnte damit etwa der Hälfte der Atome im Universum eine eigene Netz-Adresse geben. Wir bauen Rechner und wir schreiben Algorithmen, die dazu in der Lage sind. Information, Wert, Freiheit, Individualität, Zukunft – diese Begriffe bekommen unter solchen Umständen eine neue Bedeutung.

Das Schicksal der Medien und des Journalismus wird von dieser Revolution ebenso ergriffen wie der Rest unseres Lebens, unserer Kultur, unserer Gesellschaft. Dafür können die Journalisten nichts. Damit müssen sie sich arrangieren. Das hat der Strukturwandel so an sich, dass es nachher anders aussieht als vorher. Aber Journalisten wären vielleicht gut beraten, diesen Wandel, der ihre Rolle in Frage stellt, der ihre Existenzgrundlage gefährdet, nicht noch zu beschleunigen, indem sie sich selber überflüssig machen.

Von Illner zu Illner

Unabhängiger Journalismus ist systemrelevant, findet ZDF-Moderatorin Maybrit Illner und befragt sich dazu gleich mal selbst. Ein Selbstgespräch.

Von Maybrit Illner

© ZDF / Svea Pietschmann

Maybrit Illner, Jahrgang 1965, ist Journalistin und Moderatorin. Sie begann ihre Karriere in der Sportredaktion des DDR-Fernsehens. Acht Jahre lang moderierte sie das ZDF-Morgenmagazin. Seit 1999 ist sie das Gesicht des Polit-Talks im ZDF.

Maybrit Illner: Ich habe eine ganz einfache Frage, Frau Illner: Wozu brauchen wir eigentlich noch Journalismus?

Maybrit Illner: In meiner Sendung mag ich zwar gar nicht, wenn Gäste die Fragestellung in Frage stellen. Aber das ist keine einfache, sondern einfach eine unsinnige Frage. Ich habe lange genug in der DDR gelebt, um zu wissen: Es gibt keine freie Gesellschaft ohne freien Journalismus. Eigentlich geht es doch darum: Wie kann Journalismus unter extrem veränderten wirtschaftlichen, technischen und gesellschaftlichen Bedingungen weiter seine Aufgabe erfüllen?

Illner: Und ich mag es nicht, wenn Interviewpartner sich selbst die Fragen stellen, die sie beantworten möchten. Weichen Sie also bitte nicht aus: Wozu brauchen wir noch Journalismus?

Illner: Okay, wenn Sie gespreizte Binsen mögen: Die Aufgabe des Journalisten ist es, Informationen zu sammeln, aufzubereiten, zu werten, verständlich zu vermitteln, damit die Menschen eine bessere Grundlage für ihre Entscheidungen haben – als Privatperson, Verbraucher und Steuerzahler.

Illner: Information und Orientierung findet man aber zum Beispiel auch in Blogs und sozialen Netzwerken …

Illner: Das bestreitet ja auch niemand und das bereichert unser Leben an vielen Stellen sicher enorm. Aber Journalismus ist etwas anderes: ein Handwerk. Seine Grundlage ist die gründliche Recherche, die Informationen prüft und gewichtet und anschließend auch kommentiert. Alle Blogs und digitalen Networks überlassen das Recherchieren den Profis, eben weil es einen Unterschied gibt zwischen Journalisten und dem sogenannten User. Oder wenn Sie ein Metapher wollen: Viele graben – und manche Hobby-Archäologen machen tolle Funde. Aber das ersetzt nicht die Archäologie als Wissenschaft. Lesen Sie auf der nächsten Seite, warum Journalismus nicht nur nach den Prinzipien der Marktwirtschaft funktionieren darf.

Illner: Auch Ämter, Unternehmen oder Parteien behaupten, dass sie informieren und kritisieren …

Illner: Ja, aber der entscheidende Unterschied ist doch: Der Journalist bekommt Geld dafür, dass er schreibt, und nicht dafür, was er schreibt. Er ist frei, die Mächtigen in Politik und Wirtschaft zu kritisieren und sie so zu kontrollieren. Er ist unabhängig. Das ist der Unterschied zwischen Journalismus und PR.

Illner: Ja, Frau Illner, das klingt schön – in der Theorie. Aber mit solchen Sentenzen lassen Sie die Gäste in Ihrer Show doch auch nicht davonreiten. Wie sieht es in der Praxis aus?
Illner: Das wissen Sie doch selber: nicht so dolle. Deshalb habe ich eingangs schon auf die extrem veränderten Bedingungen hingewiesen. Und deshalb sag ich ganz banal: Die Grundlage des Journalistenberufs ist die materielle Unabhängigkeit. Ein Journalist, ob fest oder frei, der sich und seine Familie von seinem Beruf nicht ernähren kann, der muss ihn früher oder später aufgeben. So bitter das ist …

Illner: Vielleicht haben Journalisten einfach zu hohe Ansprüche?
Illner: Ethisch können die Ansprüche gar nicht hoch genug sein. Aber auch Sie wissen: »Erst kommt das Fressen, dann kommt die Moral.« Nehmen Sie die Kolleginnen und Kollegen von der *taz*: Sie machen einen Superjob und gelten seit Jahren als Beispiel dafür, mit wie wenig man auskommen kann, wenn die Arbeitsbedingungen stimmen und man unabhängig schreiben kann. Aber auch dort werfen viele irgendwann das Handtuch. Journalismus als Hobby kann sich kaum einer leisten.

Illner: Vielleicht gibt es ja einfach zu viele Journalisten – schließlich regelt die Nachfrage den Preis …
Illner: Ich dachte, das hätte ich schon gesagt …

Illner: Ich hänge fasziniert an Ihren Lippen.
Illner: … noch mal zum Mitschreiben. Ich glaube nicht, dass Journalismus nur nach den Prinzipien der Marktwirtschaft funktionieren darf. Und wenn man beobachtet, dass die Zahl der Menschen stetig abnimmt, die Vollzeit arbeiten und von ihrer journalistischen Arbeit leben können, dass auf der anderen Seite aber der Bedarf an Content – zum Beispiel in den Online-Medien – ständig zunimmt, dann passt das nicht zusammen. Wussten Sie, dass es in den USA schon lange und jetzt auch in Berlin mehr PR-Leute, Pressesprecher und Werber gibt als Journalisten?

Illner: Der Wirtschaft geht es eben nicht gut, warum soll es dem Journalismus besser gehen?

Illner: Natürlich sehe ich den Zusammenhang. Keine Frage, seit dem Platzen der sogenannten Internet-Blase stecken die Medien permanent in der Krise. Um sinkende Werbeeinnahmen zu kompensieren, werden Sendungen abgesetzt, Redaktionen aufgelöst, Arbeit verdichtet und Tarifverträge umgangen. Gut finde ich das überhaupt nicht. Ob diese Maßnahmen näm ich das Überleben einer Zeitung oder eines Senders sichern oder ob es doch eher um ein paar Prozentpünktchen mehr Rendite für Verleger und Aktionäre geht, das ist im Einzelfall schwer zu beurteilen. Die gewaltigen Renditeerwartungen der Finanzwelt haben die Geldgeber in der Medienwirtschaft jedenfalls nicht unbeeindruckt gelassen.

Illner: Ich finde, Sie machen sich das ganz schön leicht. Sie kritisieren die ganze Zeit die kommerziellen Medien – warum reden Sie nicht auch über Ihre eigenen Probleme?

Illner: Dazu komme ich unbedingt noch, keine Sorge. Aber schauen wir noch ganz kurz auf den Kunden, den Leser oder Zuschauer. Der hat keineswegs weniger Lust auf Information und Unterhaltung. Nur nutzt er dafür zum Beispiel Internet und Handy. Journalisten könnten ihre Arbeiten auch auf diesen Wegen verbreiten. Das Problem ist nur, dass gerade junge »Nutzer« nicht dafür bezahlen wollen. Das höhlt die Wertschätzung für den Journalismus aus. Das Netz hat eine Gratismentalität geschaffen, an der bis jetzt jedes noch so clevere Gebührenmodell abprallt. Auf die Frage, wie Journalisten im Netz Geld verdienen sollen, möchte ich schon ganz gerne mal eine andere Antwort haben als: »Da werden Modelle entstehen, die wir uns heute nur noch nicht vorstellen können …«

Illner: Ach, das find ich ja keck. Wollen Sie jetzt auch noch fürs Netz eine GEZ-Gebühr einführen?

Illner: Nein, das passt nicht zum Netz. Aber vielleicht sollte man trotzdem mal darüber reden, warum GEZ-Gebühren als total uncool gelten, während man für die Inhalte im Netz großzügig bezahlt – mit den intimsten persönlichen Daten … Wie wär's denn mal mit einer Gegenfrage: Brauchen wir nicht bald öffentlich-rechtliche Internet-Plattformen als unabhängiges, verlässliches Medium, wo Journalisten verantwortlich für eine Nachricht sind und hinter einer Nachricht stehen?

Illner: Könnte es sein, dass es zur Berufskrankheit von Journalisten zählt, sich selbst zu wichtig zu nehmen? Müssten Journalisten die Gesellschaft nicht einfach durch gute Arbeit von ihrer Wichtigkeit überzeugen, als durch Jammern oder Betteln?

Illner: Jammern und Betteln hört sich anders an. Natürlich muss die Qualität stimmen. Aber der Umkehrschluss ist halt auch daneben: Nicht alles, was derzeit bedroht ist oder verschwindet, ist schlechter Journalismus. Im Gegenteil. Und Regisseure, Schauspieler oder Tänzer, denen die Bühnen geschlossen oder die Gelder wegrationalisiert werden, haben ihre Arbeitslosigkeit auch nicht zwangsläufig durch schlechte Arbeit verschuldet.

Illner: Okay, dann lassen wir das Thema materielle Unabhängigkeit. Darüber haben wir in der Tat lange genug geredet. Um die inhaltliche Unabhängigkeit der Journalisten machen Sie sich ja offenbar weniger Sorgen …

Illner: Die wird in guten Verlagshäusern und Sendern schon deshalb gepflegt, weil davon die Glaubwürdigkeit der eigenen Marke abhängt – und damit auch ihr wirtschaftlicher Erfolg. Wo Mitarbeiter aber täglich mit Absetzung oder Entlassung rechnen müssen, rückt diese noble Haltung in den Hintergrund.

Illner: Aber bei Ihnen im Beamtenfernsehen ist alles in Ordnung – da unterliegt man keinen Zwängen und Abhängigkeiten …

Illner: Ob Sie es mir glauben oder nicht – nach 17 Jahren persönlicher Erfahrung sage ich: Nein. Ich habe bis zum heutigen Tag noch nie Zensur durch meine Chefs erlebt. Das lässt mich unbedingt das öffentlich-rechtliche Fernsehen als einen Ort der Freiheit und Unabhängigkeit ansehen – und unsere Sendung ohnehin. Aber es gibt natürlich versuchte Einmischung von außen auf einen solchen Sender – durch Parteien, Verbände oder mächtige Einzelinteressen. Da muss jeder Kollege selbst mit seinem Bild im Spiegel fertig werden.

Wer durch Liebedienerei bestimmten Parteien oder Personen gegenüber seine Karriere zu fördern versucht, tut das absolut ohne Not und ist für mich kein Journalist. Darüber sollten Journalisten auch offen diskutieren. Da müssen deutlicher Grenzen gezogen werden … Angeblich hat man sich früher ja in den öffentlich-rechtlichen Redaktionen die Parteibücher um die Ohren gehauen. Das habe ich nicht erlebt. In meinen Redaktionen, im Morgenmagazin oder bei unserer Polit-Talkshow, arbeite ich mit professionellen, unabhängigen Kollegen, Querköpfen und Freidenkern. Im Übrigen ist das Programm, das wir machen, der nachprüfbare Beleg für diese, meine Innensicht.

Illner: Na prima, Frau Illner, willkommen in der heilen Welt! Aber war da nicht gerade was mit Ihrem Chefredakteur?

Illner: Das war alles andere als schön. Wir leben eben nicht in einer heilen Welt. Dass es immer wieder Druck aus Parteien und Gremien gibt, ändert nichts daran, dass öffentlich-rechtliches Fernsehen kein Staatsfernsehen ist und werden darf. Die Idee, dass auch die journalistischen »Kontrolleure« kontrolliert werden, ist richtig. Das ist die Aufgabe der Öffentlichkeit, ihrer Vertreter in den Gremien, der kritischen Medienjournalisten und vor allem der Zuschauer. Das Internet bietet hier übrigens hervorragende Möglichkeiten. Es wäre gut, wenn dieser jüngste Fall dafür sorgen würde, dass die Strukturen überdacht werden. Wie das genau geschehen kann, ist kompliziert. Das Prinzip aber ist einfach: Auch in den Aufsichtsgremien braucht es eben mehr unabhängige Personen.

Illner: Und die Erde ist eine Scheibe …

Illner: Nee, unabhängige Journalisten gibt es zum Glück noch viele – in Zeitungen, Verlagen, Sendern und Online-Plattformen. Aber wie lange es sie noch gibt, das ist eine offene Frage In den USA erleben wir ein Massensterben von Qualitätsmedien (vor allem Zeitungen), in Frankreich stützt der Staat Zeitungen und Online-Medien mit Milliarden. Für das Überleben des Journalismus müssen wir auch über Lösungen nachdenken, die zwischen Markt und Staat funktionieren. Denn nicht nur Banken sind systemrelevant. Der unabhängige Journalismus ist es auch.

Illner: Frau Illner, ich danke Ihnen für dieses Selbstgespräch.

Gratis ist der Tod

Kein französisches Vorbild, kein US-amerikanisches Horrorszenario:
Wir brauchen eine neue Ökonomie des Journalismus.

Von Hans-Peter Siebenhaar

© Handelsblatt/Pablo Castagnola

**Hans-Peter Siebenhaar, Jahrgang 1962, ist promovierter Politik-
wissenschaftler und Wirtschaftsredakteur beim *Handelsblatt*.**

David Cohn, ein weitgehend unbekannter Nachwuchsjournalist aus Kalifornien, wurde mit einem Schlag bekannt. Denn er hatte einen besonderen Vorschlag, wie der Qualitätsjournalismus in der schwersten Krise der amerikanischen Zeitungen gerettet werden kann: Auf seiner Webseite ruft er zu Spenden zum Recherchieren von Artikeln auf.

Zum Beispiel können Eltern die Recherche eines Reporters mit ein paar Dollar sponsern, bei der die Vor- und Nachteile lokaler Schulen untersucht werden. Fundraising für guten Journalismus heißt das neue Modell. Die wenig praxistaugliche Idee wirft ein bezeichnendes Licht auf die Krise der Zeitungen in den USA.

Die Todesliste wird länger

Die Not ist groß, die Todesliste wird immer länger: In Denver starb die *Rocky Mountain News,* in Seattle die *Seattle Post* und in Arizona der *Tucson Citizen.* Die *Detroit News* und die *Detroit Free Press* drucken nur noch an drei Tagen. Die *Ann Arbor News* in Michigan stellte im vergangenen Sommer den Betrieb ein. Der *Boston Globe,* eine Tochter der feinen *New York Times,* schrammte um Haaresbreite an einem Desaster vorbei. Gab es 1990 in den USA noch 1611 Zeitungen, waren es zur Jahrtausendwende nur noch 1480 – trotz des Werbebooms während der New Economy. 2008 Jahr sank ihre Zahl nach Angaben des US-Verlegerverbands auf den historischen Tiefstand von 1408.

Es besteht kein Zweifel: Der Qualitätsjournalismus ist auf dem Rückzug – nicht nur in den Vereinigten Staaten, dem weltweit größten Medienmarkt. Die wirtschaftlichen Rahmenbedingungen haben sich derart verschlechtert, dass die Finanzierbarkeit von Recherchen immer öfter in Frage gestellt ist. Dabei sitzen die Zeitungen und Zeitschriften im gleichen Boot wie private Fernseh- und Radiosender.

Nach fünf Jahrzehnten stetigen Wachstums steht zwischen 2000 und 2009 in fünf Jahren ein Minus vor den Reklameeinnahmen. Der Werbemarkt für die klassischen Medien schmilzt seit Ausbruch der Wirtschafts- und Finanzkrise im Herbst 2009 wie Schnee unter der Mai-Sonne. Laut Zentralverband der deutschen Werbewirtschaft (ZAW) werden dieses Jahr die Werbeausgaben voraussichtlich unter die 20-Milliarden-Grenze fallen. Der Journalismus sitzt in der Werbefalle. Er kann sich nicht mehr überwiegend von der Reklame finanzieren.

Die Gratisfalle

Das Pflaster für Zeitungen ist in London knallhart. Vor jeder U-Bahn-Station verschenkt der russische Milliardär Alexander Lebedev sein Traditionsblatt *Evening Standard*. Der ehemalige Oligarch hatte die 1857 gegründete Zeitung Anfang 2009 für einen symbolischen Preis von einem Pfund erworben. Der *Evening Standard* ist im Londoner Krieg der Gratiszeitungen der Gewinner – vorläufig zumindest. Denn die Konkurrenten haben wegen wirtschaftlicher Erfolglosigkeit bereits das Zeitliche gesegnet. Das Schicksal des Evening Standard ist noch offen. Nur so viel ist klar: die Briten haben sich längst daran gewöhnt, Zeitungen gratis zu bekommen. Der Brunnen des Journalismus ist vergiftet.

Das Jahr 2010 wird nicht nur in Großbritannien zur Bewährungsprobe der Verlagsbranche. Denn wirtschaftlich gibt es für Zeitungen und Zeitschriften auch in Deutschland keine Entwarnung. Eine schnelle Erholung des Werbemarktes zeichnet sich nicht ab. Optimisten gehen maximal von einem leichten Aufwärtstrend aus. Das Internet kann bislang die rückläufigen Einnahmen aus dem Anzeigengeschäft nicht ausgleichen.

Über Jahre hat das Management in den Verlagen auf eine falsche Strategie gesetzt. Im Online-Bereich haben die Medienunternehmen seit der Erfindung des Internets vor anderthalb Jahrzehnten ihre Inhalte verschenkt. Die Losung war einfach: Erst einmal die Kirche voll machen und dann den Klingelbeutel herum reichen. Ein Kardinalsfehler.

Ist die Krise des Qualitätsjournalismus nicht anderes als eine Eigentumsfrage? Liegt das Heil in Zeitungshäusern, die im Besitz ihrer Leser oder Mitarbeiter sind oder von staatlichen Subventionen oder Spenden von Non-Profit-Organisationen leben? Aus der Vergangenheit wissen wir, wie erfolglos Partei- oder Kirchenzeitungen sind. Leser lehnen interessengeleiteten Blätter ab.

Wirtschaftlich sind sie ohnehin in den meisten Fällen ein Fass ohne Boden. In vielen Ländern sind sie daher entweder vom Markt verschwunden oder fristen ein Schattendasein. Das Verschwinden von Wochenzeitungen wie dem *Deutschen Allgemeinen Sonntagsblatt* oder des *Vorwärts* (existiert heute als Monatszeitschrift weiter) sind dafür Belege.

Journalistische Qualität hat nur dann eine Chance, wenn sie unabhängig entsteht. Die Idee nach französischem Vorbild gar Steuergelder an Not leidende Zeitungs- und Zeitschriftenhäuser zu verteilen, ist fatal. Frankreich ist ein Lehrstück. Schon heute kontrolliert der Elysée indirekt die wichtigen Meinungsblätter in Frankreich. Leser wenden sich zunehmend von den etablierten Zeitungen ab. Vielleicht ist gerade die politische Abhängigkeit der Hauptgrund, weshalb die französischen Tageszeitungen im Vergleich zu den deutschen in einer ungleich schwierigeren wirtschaftlichen Situation sind?

Die Mautstelle

Ein unabhängiger Journalismus ist die Voraussetzung für eine freie Gesellschaft. Demokratie funktioniert ohne politisch und vor allem ökonomisch unabhängige Medien nicht. Das ist eine Binsenweisheit, aber dennoch wahr. Denn noch immer leisten die klassischen Medien, allen voran Zeitungen und Magazine einschließlich ihrer Internetseiten, qualitativ anspruchsvolle Aufklärung, Analyse und Information.

Die Frage ist nur: wie kann Qualitätsjournalismus künftig finanziert werden? Denn die Rendite der Verlage und Medienkonzerne fallen bescheiden aus, viele schreiben sogar rote Zahlen. Was wir in der Existenzkrise der klassischen Medien brauchen, ist eine neue Ökonomie des Journalismus.

Schon der spanische Philosoph José Ortega y Gasset wusste: die Vergangenheit kann uns nicht sagen, war wir tun, wohl aber, was wir lassen müssen. Auch Rupert Murdoch hat dazu gelernt. Der Medien-Tycoon, der nie um ein offenes Wort verlegen ist, watschte in seiner eigenen Zeitung Wall Street Journal vor Weihnachten die Verlagskollegen ab. Er verkündete den Tod des alten, auf Werbung basierenden Geschäftsmodells. Im gleichen Atemzug verkündete er, Qualitätsinhalte gibt es nicht mehr gratis.

Es besteht kein Zweifel: Die Zukunft der Medienunternehmen

und des Journalismus wird davon abhängen, wie schnell und nachhaltig es gelingt, den Kunden für Nachrichten, Hintergründe, Reportagen und Analyse im Internet und auf dem Handy zur Kasse zu bitten. Die früher so träge Musikindustrie hat es bereits vorgemacht. Mit dem Musikdienst iTunes des Computer- und Handyherstellers Apple besitzt die Branche ein schnell wachsendes, einträgliches Vertriebsmodell im digitalen Zeitalter.

In der deutschen Zeitungs- und Zeitschriftenbranche gibt es mittlerweile erste und wichtige Versuche, die lebensgefährliche Gratiskultur zu stoppen. So ist Europas größtes Zeitungshaus Axel Springer noch rechtzeitig vor Weihnachten mit kostenpflichtigen Apps für die beiden Flaggschiffe Bild und Welt an den Start gegangen. Andere Verlage ziehen – wenn auch noch zögerlich – nach.

Die Zahlen von Springer sprechen für sich. Mitte Januar meldete Axel Springer stolz, dass bereits über 100.000 Apps seiner beiden Flaggschiffe verkauft seien. Ein Erfolg, trotz der massiven Kritik der Community. Die Einnahmen sind freilich derzeit noch eher bescheiden. Schließlich kostet ein monatliches Abonnement der Bild auf dem iPhone noch immer weniger als ein Glas Wasser im Café. Doch Inhalte für Mobiltelefone kostenpflichtig zu machen, ist der erste Schritt zu einer neuen Ökonomie des Journalismus.

Es ist allerdings naiv zu glauben, dass alle Zeitungen und Zeitschriften mit Bezahlinhalten in der digitalen Welt prosperieren können. Nur für exklusive oder spezialisierte Inhalte wird der Nutzer künftig bereit sein, für digitale Informationen zu bezahlen. Der Erfolg des Wirtschaftsblatts *Wall Street Journal,* das im digitalen Bereich zuletzt rund hundert Millionen Dollar umsetzte, ist dafür ein Beispiel.

Generelle Nachrichten wird es hingegen auch weiter kostenlos im Netz geben. Dafür sorgen hierzulande alleine schon die Unmengen von Informationsangeboten von ARD und ZDF. Die Anstalten, mit jährlichen Einnahmen von über acht Milliarden Euro ausgestattet, brauchen sich traditionell um Marktbedingungen wenig zu scheren. Der kostenlose App der Tagesschau, dem Nachrichten-Flaggschiff der ARD, ist daher nicht nur eine Provokation, sondern ein Angriff auf die neue Ökonomie politisch unabhängiger Medien wie Tageszeitungen, Magazine oder Privatsender.

Die Reifeprüfung

Die Chancen für die Zukunft der Medienunternehmen stehen nicht schlecht, wenn Paid Content schnell und konsequent weiter entwickelt und politisch nicht sabotiert wird. Denn für Qualität und Exklusivität ist der Kunde durchaus bereit zu zahlen. Das ist in der Musik, im Radio und Fernsehen so. Die noch immer hohe Akzeptanz der Rundfunkgebühr ist dafür ein Beleg. Warum sollte es bei Zeitungen und Zeitschriften anders sein?

Die Umstellung auf Paid Content kostet den Verlagen zweifellos erst einmal Reichweite. Die bittere Wahrheit ist: die Verlagsbranche kommt bei einer Umstellung auf Bezahlmodelle um eine Marktbereinigung nicht herum. Es gehört zu den Absurditäten der Branche, dass bei jeder Einstellung eines Medienangebots gleich der Untergang des abendländischen Journalismus beschworen wird.

Noch immer gibt es zu viele Blätter, die es immer schwerer haben, sich dauerhaft über Werbung und Abonnements zu finanzieren. Das Jahr 2010 wird daher zur Nagelprobe für die Branche. Rupert Murdoch will dieses Jahr sämtliche Inhalte seiner Zeitungen (*Wall Street Journal, Times, New York Post*) Geld zu verlangen. Ebenfalls für dieses Jahr hat Google ein Online-Bezahlsystem angekündigt. Damit kann dann der Kauf einzelner Artikel oder ein Online-Abonnement bequem abgerechnet werden.

Unabhängiger Journalismus braucht starke Unternehmen. Dazu gehört der Mut neue Wege mit Bezahlinhalten zu gehen und auch unpopuläre Entscheidungen zu treffen. Demnächst werden mit Minicomputern wie dem »iPad« von Apple neue Geräte auf dem Markt kommen, die Bezahlinhalte ungeahnte Möglichkeiten bieten. Zum Verschenken von journalistischen Inhalten hat niemand mehr das Geld – außer vielleicht eitlen russischen Milliardären in London.

Die öffentlichen Vordenker

Ohne Journalismus löst sich die Presse in Nichts auf. Aber wir brauchen ihn als Reflexionsinstanz, zur Aufklärung und für unser soziales Zusammenleben.

Von Volker Lilienthal

© dpa

Volker Lilienthal, Jahrgang 1959, ist Professor für Praxis des Qualitätsjournalismus an der Universität Hamburg und arbeitete 20 Jahre lang beim Fachnachrichtendienst *epd Medien*.

Lassen wir uns für einen Moment auf den Gedanken ein, es gäbe keinen Journalismus mehr. Weil niemand mehr dafür bezahlte oder weil eine Neue Diktatur jegliche unabhängige Informationssammlung und Meinungsäußerung verböte. Radio und Fernsehen hätten dann noch die besten Überlebenschancen.

Aber: Das Radio bestünde aus nichts mehr als endlosen Musikteppichen, hin und wieder unterbrochen von Titelansagen, Verkehrsberichten oder Plaudereien, die unterhaltsam sein sollen, aber bestimmt nicht journalistisch sind. Verlässliche Nachrichten zur vollen Stunde? Vorbei und vergessen. Das Fernsehen füllte seine Sendestrecken rund um die Uhr mit Fiction und Shows – Drama hoch drei also und das beständige Allotria des Amüsements.

Zensoren einer Neuen Diktatur

All diese Zutaten können theoretisch-technisch auch das Internet von morgen bereichern. Aber bestückt mit Musik und Movies ist das Netz eben bestenfalls eine technische Verbreitungsplattform – kein eigenständiges Medium. So würde sich die inhaltliche Verarmung, die unserem Gedankenexperiment zugrunde liegt, vor allem im Internet zeigen. Sein Content bestünde weitestgehend nur noch aus Online-Kommerz und Social Communities.

Selbst ob die sehr individuellen und unberechenbaren Meinungsäußerungen von Bloggern zugelassen werden, obwohl sie doch das aufklärerische Potential von Quasi-Journalismus beinhalten, müssten sich die Zensoren der Neuen Diktatur noch sehr gut überlegen.

Bleibt noch das, was heute hässlich-neudeutsch »Printmedien« genannt wird. Zeitungen und Zeitschriften also, die werden nicht mal als Brecht'sche »Annoncenplantage« überleben. Denn wer wollte noch Anzeigen betrachten, wenn zwischen ihnen nicht immer wieder auch Geistesnahrung geboten würde'?

Ohne Journalismus, ohne Meldungen, Berichte, Reportagen und Kommentare, löst sich die Presse in Nichts auf. Die Zeitung würde vollständig unverkäuflich, sie hätte ihren Sinn verloren, sowohl als Träger- wie auch als Inhaltemedium.

Träte diese Entwicklung ein, was würde uns fehlen? Zuallererst und ganz basal: die Orientierung über das Tagesgeschehen, wie sie in Nachrichten geboten wird. Dann, schon weitergehend, die medial vermittelte Augenzeugenschaft, wie sie uns die »Nachricht im Film«, die Fernsehreportage und das Webvideo bieten, der analytische Hintergrundbericht, für den ein Journalist einige Stunden lang recherchiert und sich den Kopf zerbrochen hat, der Kommentar zum politischen Zeitgeschehen, der notwendige Kritik liefert und – für uns aller Meinungsbildung als Staats- und Wahlbürger – öffentliches Vordenken praktiziert.

Es würden fehlen: überfällige Enthüllungen von offensichtlichen Skandalen und von schleichenden, noch unentdeckten Fehlentwicklungen in unserer Gesellschaft. Es würde der Blick auf das andere und Fremde fehlen, all die hochinteressanten Auslandsberichte, Innenansichten aus fremden, oft auch gefährlichen Welten, zu denen uns erst mutige Journalisten den Zugang verschaffen.

Dialog zwischen Journalisten und Adressaten

Nicht zuletzt würde uns die Unterhaltsamkeit fehlen, die gutem Journalismus eigen ist: die Lust des Lesers (und Hörers) an gutem Stil, an frecher Kritik, an geistreicher Interpretation von vorgefundener Wirklichkeit.

Dem Mediennutzer würde auch der Ärger fehlen, den Journalismus hin und wieder notwendig auch bei ihm persönlich auslöst – etwas, an dem man sich reiben und abarbeiten kann, in Form eines Leserbriefes oder, mehr und mehr, in Form eines Online-Kommentars. Publikumsforen, wie sie dank des Internets möglich sind, intensivieren den Dialog zwischen Journalisten und ihren Adressaten und sie entfalten auf Dauer einen Legitimationszwang für die Medien, der für Journalisten oft unbequem sein mag, der aber tendenziell zur Selbstoptimierung der Medien in Richtung von mehr Qualität beitragen kann.

Das alles zeigt: Bei der Frage »Wozu noch Journalismus?« geht es nicht primär um das Eigeninteresse traditioneller Institutionen wie der Medien, von Journalisten, die schlicht überleben wollen. Es geht um unser aller Weltwissen, um unsere Aufklärung, um die Bereicherung unseres Denkens und, ja, auch Fühlens. Es geht darum, ob unser Bewusstsein von Welt arm oder reich ist, ob wir beweglich bleiben im Denken und Handeln, es geht also nicht zuletzt um unsere je persönlichen Lebenschancen. Denn die werden nicht nur, aber auch doch wesentlich, durch moderne Qualitätsmedien verbessert. Niemand kann in hochanspruchsvollen Berufen überleben, der nicht ein Minimum von der ihn umgebenden Welt verstanden hat.

Die negative Gedankenskizze zeigt, wofür wir Journalismus positiv und auf unabsehbare Zeit noch brauchen. Wir brauchen ihn als eine Reflexionsinstanz, als einen beharrlichen Prozess permanenter Aufklärung, als ein öffentliches Bemühen um Erkennen und Verstehen, als eine konzertierte Aktion, die unser je individuelles Leben bereichert, die uns schlauer macht, die aber auch unser Zusammenleben in Gesellschaft nachhaltig zivilisiert und optimiert.

Freie Gesellschaften brauchen unabhängigen Journalismus zur Selbststeuerung, zur Lokalisierung und Korrektur von Problemen, die den Idealen dieser Gesellschaft zuwiderlaufen. Selbst Politiker, deren Verhältnis zum kritischen Journalismus bekanntermaßen nicht spannungsfrei ist, sollen ja gelegentlich dankbar sein für den einen oder anderen Fingerzeig auf etwas, worum sich Politik kümmern sollte.

Medien mit dem Spirit und der Praxis von gutem Journalismus werden also gebraucht als Steuerungsinstanz, die permanent und öffentlich den Appell artikuliert, Lebensverhältnisse zu verbessern. Adressaten dieses Räsonnements, dieses Appells sind Politik, Verwaltung, Wirtschaft, Kultur – und wir alle. Es gibt einige Anzeichen, wonach Journalisten international momentan zu mehr Engagement in diesem Sinne tendieren. Mehrere deutsche Stimmen ließen sich dafür anführen, doch sollen hier zwei aus dem angloamerikanischen Bereich zitiert werden.

Politisches Engagement

Der Londoner Zeitschriftenmacher Tyler Brûlé sagte jüngst in einem *Zeit*-Interview: »Einige Medien müssen die Initiative ergreifen und das Denken der Menschen fokussieren, herausstellen, was die entscheidenden Themen und Debatten sind.« In eine ähnliche

Richtung zielte der amerikanische Medienexperte Dan Gillmor, als er Anfang Oktober auf *guardian.co.uk* new rules of news aufstellte.

In Punkt 17 dieser Regeln forderte er Journalisten zu direktem (politischem) Engagement auf: »Je wichtiger wir ein Thema für unsere Zielgruppe erachten, desto hartnäckiger bleiben wir am Ball. Wenn wir zu dem Schluss kommen, dass eine bestimmte Regelung oder Praxis gefährlich ist, versuchen wir, die öffentliche Meinung zu beeinflussen. Das bedeutet, dass man laut und deutlich vor der Immobilienblase hätte warnen müssen.«

Engagement ist ein verbindendes Element dieser beiden Ansagen für die notwendige Neujustierung eines Journalismus, der Relevanz beweisen und wirkmächtig sein will. Dem Sinne nach gibt es aber noch ein zweites Element, und das heißt: Integration des Ganzen. Denn in einer gesellschaftlichen Situation,

–   in der immer mehr soziale Entwicklungen auseinanderlaufen, in der Politik zwar partiell noch entscheidet und (über Gesetze) steuert, aber immer weniger als moralische Autorität akzeptiert wird,

–   in der immer weniger Bürger bereit sind, sich für das Gemeinwesen zu engagieren, in der immer mehr junge Menschen sogar als gelegentliche Wahlbürger verlorengehen,

–   in der die Wissenschaften den Erkenntnisfortschritt zwar vorantreiben, dabei aber immer spezialistischer werden und Folgen für das System (die Weltgesellschaft) oft übersehen werden,

braucht es Medien im Sinne einer Vermittlungsinstanz, die auseinanderbrechende Tendenzen neu zusammenbindet, die dolmetscht zwischen gegensätzlichen Interessen (Arbeit/Kapital), zwischen Bevölkerungsgruppen, die sich fremd geworden sind (Jung/Alt), die möglichst viele aus dem dispersen Publikum interessiert für gemeinsame Belange, die alle angehen, braucht es Wissensspeicher und appellative Instanzen, die vielleicht sogar neue Begeisterung für scheinbar altertümliche Werte wie Demokratie und Bürgersinn entfachen können.

Was mediengeschichtlich zum Auftrag für den öffentlichrechtlichen Rundfunk erklärt wurde, nämlich zur gesellschaftlichen Integration beizutragen, wird ein kategorischer Imperativ für alle Medien, auch für die privatwirtschaftlich organisierten. Um nicht missverstanden zu werden: Nicht Anpassung ist damit gemeint, nicht Affirmation der »Deutschland AG«, wohl aber ein begründetes Engagement für bestimmte Werte und wahrgenommene Verantwortung für eine Zukunft in Freiheit.

Wer schreibt, der bleibt

Axel Springer schimpfte sie Flanellmännchen, und manche Betriebswirte glauben heute sogar, Journalist sei ein Beruf wie ihrer auch. Doch die Branche braucht kühne Kaufleute.

Von Michael Jürgs

© Thomas Ebert

Michael Jürgs, Jahrgang 1945, war mit 23 Redaktionsleiter im Feuilleton der Münchner *Abendzeitung.* Später machte er Karriere beim *Stern,* wo er von 1986 bis 1990 Chefredakteur war. Von 1992 bis 1994, leitete er auch das inzwischen eingestellte Magazin *Tempo.* Seitdem hat er eine Reihe von Bestsellern (»Romy Schneider«, »Der Fall Springer«, »Seichtgebiete«) geschrieben.

Dass zu den vier tragenden Säulen einer lebendigen Demokratie selbstbewusster und sich seiner Rolle in einer freien Gesellschaft bewusster Journalismus gehört, deshalb traditionell »Vierte Gewalt« genannt, wird von Festrednern gern betont.

Dass professionell gemachte Zeitungen und Zeitschriften für die notwendige Kontrolle der anderen drei Gewalten unersetzlich sind und es eben nicht genügt, wenn Amateure im Sekundentakt ungeprüft ins Netz stellen, was ihnen ein- oder auffällt, ist dennoch wahr. Das schmälert nicht etwa die Relevanz des Internets, sondern relativiert nur seine Bedeutung.

Bürgerrechte, nicht Schlüpfer einer Promitussi

Zwar hätte die freie Welt ohne die Augenzeugen im World Wide Web nichts erfahren vom alltäglichen Staatsterror in Iran oder in China, und solche Bürgerjournalisten, die diesen Namen verdienen, weil es ihnen um Bürgerrechte geht und nicht um den verlorenen Schlüpfer einer C-Promitussi, sind unersetzlich, solange es in den Diktaturen keine freie Presse gibt. Aber zum Wesen des Journalismus gehören nun mal Inhalte. Und wenn die wesentlich sind, ist die Form egal, in der sie verbreitet werden – gedruckt, gemailt, getwittert, gesendet.

Zurück in die wirtschaftlichen Niederungen der Freiheit. Viele Anzeigen, die über Jahrzehnte den Presselords fette Ernten in die Scheunen brachten, wandern ab ins Internet. Das verschärft die Krise des Gedruckten bis ins Koma. Aber nur von der Gedankenblässe unbelastete Betriebswirte halten überirdisch viele Klicks im Netz für die Lösung ihrer irdischen Probleme und damit den wahren Himmel auf Erden.

Da tummeln sich Controller. Für die zählt nur, was sie messen können. Sie wissen jedoch nicht, warnt einer, der es wissen muss, der erfahrene Werber Lothar Leonhard, dass der Klick an sich nichts bedeute, weil Nachhaltigkeit eines Produkts nicht anhand der Zahl von Klicks messbar ist. Das wäre etwa so, als würde eine große Regionalzeitung über die gesteigerten Klickklicks jubeln, während sie real mehr und mehr Leser verliert. Es gibt eben mehr im Himmel und auf Erden, als McKinsey-geschulte Weisheit sich träumen lässt.

In ihrer Sehnsucht nach einem von der Konkurrenz noch nicht entdeckten Schatz am Ende des Regenbogens zum Beispiel sind Journalisten unberechenbar. Schatzsuchen aber kosten Geld. Man nennt es unter uns auch Recherchen. Unberechenbares jedoch ist der Feind von Medienmanagern, einst in der schreibenden Zunft als Korinthenkacker verachtet.

Axel Springers Flanellmännchen

Der Verleger Axel Springer nannte sie abschätzig Flanellmännchen, obwohl er sie dringend brauchte. Diese wiederum drohten – und seit die Krise real existiert, setzen sie ihre Drohungen endlich ungeniert um – bei nächstschlechter Gelegenheit, den Redaktionsetat zu reduzieren, Mitarbeiter zu entlassen, was sie freisetzen nennen, und sich so für alle erlittenen Demütigungen zu rächen. Nie hatten sie es so leicht wie jetzt.

Weil eigenartige und -tümliche Verleger auf der Liste gefährdeter Spezies stehen, brauchen Journalisten eigentlich mehr denn je kühne Kaufleute, die schwarze Wörter auf weißem Grund schätzen und darauf achten, dass nichts ins Rote abrutscht. Denn sonst müssten Journalisten ihre Texte in Fußgängerzonen vortragen und anschießend um milde Gaben bitten. Die Alternative, sich einen anständigen Beruf zu suchen, war nie eine so recht prickelnde.

Begeisterungsfähige Betriebswirte errichten das Haus, in dem Wörter wohnen dürfen. Sorgen dafür, dass die Statik des Gebäudes stimmt, die Mauern dick genug sind, das Dach nicht leckt und das Ganze auf festem Boden steht. Ohne sie wäre das, was Zeitungen, Zeitschriften und Magazine ausmacht, nicht machbar.

Aber ohne uns wären sie letztlich nichts als gewöhnliche Macher, die Lidls Überwachungsvideos vernichten oder bei der Hypo Real Estate faule Papiere entsorgen oder eine Steuererklärung für Klaus Zumwinkel erstellen müssten (alle genannten Fälle übrigens wurden enthüllt durch journalistische Recherchen). Nicht ganz so prickelnd, erst recht nicht prestigeträchtig wie ein Job im zweitältesten Gewerbe der Welt. Von der Existenz des ältesten hätte man ohne die Verbreitung durch Journalisten, mündlich oder schriftlich, übrigens nichts erfahren.

Wer schreibt, gehört zu den Lebewesen, aus deren Gehirnschalen Verleger einst ihren Champagner tranken (das Bonmot stammt natürlich von einem Journalisten, von Erich Kuby, dem persönlicher Luxus, bezahlt von seinen Verlegern, nie unlieb war). In Zeichen der Krise tun die das nur noch heimlich, öffentlich saufen sie Wasser, allenfalls mit einer jungen Autorin mal ein Gläschen Prosecco.

Das kommt gut an. Würden sie protzen und angeben wie früher, käme sonst ein Chefredakteur, der das Wort »sparen« nicht mehr hören kann, auf die Idee, ihnen Fragen zu stellen. Ist es richtig, dass in den goldenen Zeiten, die bis vor ein paar Jahren herrschten, sein Arbeitgeber, der Verlag XY, in einer Dekade so zwischen drei und vier Milliarden Euro netto verdient habe? Und wie hoch die Verluste in den blechernen Zeiten seitdem waren? Mehr als dreihundert Millionen? Und ob das Verluste waren oder nur im Vergleich zu früher geringere Einnahmen? Und ob unterm Strich nicht trotz Krise et cetera. ein netter Gewinn stehe, geschaffen in den Gehirnschalen von ... na?

Von Schreibern und Vorschreibern

Worin besteht der wesentliche Unterschied zwischen Schreibern und Vorschreibern? Die einen halten alles für möglich, riskieren das unmöglich Scheinende. Die anderen suchen nach Möglichkeiten, jedes Risiko auszuschließen. Falls die Vertreter beider Welten in ihrer jeweiligen Welt aber Könner sind, entstehen für die Auftritte der einen durchs Bühnenbild der anderen erstklassige Inszenierungen, Seelen berührend, Köpfe belebend, Herzen öffnend. Die gibt's nach wie vor.

Zwei von ihnen, die als Geschäftsführer ihrer ehrenwerten Häuser, trotz realer Anzeigenkrise, den Schatz verwalten und hüten, der ihnen anvertraut ist und dies voller Respekt auf Augenhöhe mit denen, die ihn unentwegt suchen, den Journalisten, was wiederum von denen respektiert wird, sind Rainer Esser von der Zeit und Ove Saffe vom Spiegel. Dass Qualitätsjournalismus die Basis ihrer Geschäfte ist, wissen sie. Also werden sie einen Teufel tun, am Fundament zu sparen.

Zwergnasen dünken sich Riesen

So einfach, dass unten die Guten und oben die Bösen sitzen, ist es in Wahrheit natürlich nicht. In der Warenwelt der Medien geht es zu wie in der wahren Welt. Bei zu vielen bunten Blättern sind die Redakteure noch dümmer als ihre Leser. Wenn bei der seit Jahren andauernden Flurbereinigung auf dem Medienmarkt der Eitelkeiten nur Selbstdarsteller und Gossenjungs auf der Strecke geblieben wären, würde das kein Anlass sein für einen wehmütigen Nachruf.

Doch seit sich Betriebswirtschaftler einbilden, Journalist zu sein sei ein Beruf wie der ihre auch, von wegen vierte Gewalt!, trifft ihr Kahlschlag Menschen, die ihr Handwerk beherrschen, unbestechlich sind, moralisch handeln und an das glauben, was sie veröffentlichen – Journalisten.

Talent und Instinkt und Leidenschaft, die Heiligen Drei Könige der schreibenden Zunft, können nicht gelehrt werden. Eine Zielgruppe anzupeilen ohne ein eigenes Ziel, außer dem einer zweistelligen Rendite, endet in Gruppendiskussionen. Heute dünken sich Zwergnasen, die sich beim Kämmen in den Radkappen ihrer Dienstwagen spiegeln, als Riesen und wähnen sich groß, geben an zu können, was Könner können – Geschichten aufspüren, Menschen berühren.

»Keine Macht den Drögen« war, ganz egal, aus welcher politischen Ecke der Wind wehte, mal ein stillschweigender Konsens bei allen Verlagen. Männer mit Eigenschaften wurden von den jeweiligen Eigentümern für den Bau ihres Verlagshauses eingesetzt. Sie kümmerten sich stattdessen lieber um die Software Autoren. Das galt insbesondere für Buchverleger. Siegfried Unseld in einem Brief an Thomas Bernhard am 13. September 1965: »Ein Verleger ist ein Mann, der gewohnt ist, sich täglich neu von den Überlegungen, Imaginationen und Wünschen seiner Autoren überraschen zu lassen … Hauptaufgabe des Verlegers ist es doch, dafür zu sorgen, dass der Autor ständig eine gute Arbeitsmöglichkeit hat …«

Bereits die Ausstattung der Zimmer für die branchentypischen Wahnsinnigen, Eitlen, Sprachzauberer ging die Baumeister nichts mehr an. Die Dachterrasse stand ihnen offen wie die Kantine, aber zu unsichtbaren Horizonten hin offene Räume, in denen schreibend, dichtend, verdichtend, Ungewöhnliches entstand, in denen die Reisen zu den Schätzen am Ende aller Regenbogen begannen, waren ihnen selbstverständlich verwehrt. Hin und wieder durften sie aber gern mal vorbeischauen auf ein Glas – na was wohl – Champagner.

Back to the roots!

Wenn Manager mit Mut zum Risiko am Krisentisch sitzen, könnten sie mit Journalisten derzeit mehr denn je – denn in Gefahr und Not bringen Mittelwege nur den Tod – zu gemeinsamen Zielen aufbrechen und die Phantasien umsetzen in Realität. Wer schreibt, der bleibt und glaubt, alles besser zu wissen (wie auch an diesem Text erkennbar ist).

Noch immer, sagt der TV-Journalist Günther Jauch, sind Zeitungen Lebensmittel für wache Bürger. Was die »informationelle Müllhalde Internet« nicht kann, das können Journalisten – unter der Flut von Meldungen die wesentlichen auswählen und erklären, was sie bedeuten. Informierend, unterhaltend, aufklärend, enthüllend. Die Krise des Journalismus ist manchmal nur die Krise von Eingebildeten der Medienbranche ohne Vorbildung, die nie zugeben werden, dass sie überall besser aufgehoben wären als da, wo sie gerade Big Macker spielen.

Wichtig sein statt wichtig tun oder Back to the roots lautet deshalb meine Antwort auf die Sinn-Frage, wozu wir Journalisten noch gebraucht werden.

Kein Anlass zur Kapitulation

Journalismus bleibt unersetzlich – gerade in Zeiten der Leserreporter. Doch im Online-Journalismus brauchen etliche Medien-
Websites einen inhaltlichen Neustart.

Von Hans-Ulrich Jörges

© Stern

**Hans-Ulrich Jörges, Jahrgang 1951, ist Mitglied der Chefredak-
tion des *Stern* und Chefredakteur für Sonderaufgaben des Ver-
lags Gruner+Jahr.**

Wozu noch Journalismus? – Die Fragestellung könnte auf Resignation oder gar Kapitulation schließen lassen. Wovor eigentlich? Vor Lesern, Hörern und Zuschauern, die sich abwenden, Augen und Ohren verschließen vor traditionellen Medien und in neue fliehen? Vor jungen Leuten, die statt Blei an den Fingern lieber Ringe unter den Augen haben, vom stundenlangen Surfen auf dem digitalen Meer?

Vor der Werbewirtschaft, die Anzeigen abzieht und anders – auch anderswo – nach Aufmerksamkeit fischt? Vor Verlegern, die beim Grenzgang zwischen Modernisieren und Zerstören die Balance, Maß und Ziel verlieren? Vor Heuschrecken, die sich renditehungrig in Medien verflogen haben, dort alles kahl fressen – und dann verhungern? Vor dem Internet schließlich, das alles an Information zu bieten scheint, was der Mensch zum Denken braucht – und das kostenlos, rund um die Uhr und teils in Echtzeit, live? Ist Journalismus also ein verlorener, ein aussterbender Beruf – hoffnungslos überholt wie der Kohlenschaufler auf der Elektrolok?

Kein Anlass zur Resignation

Ja, natürlich ist unsere Gewerbe unter Druck. So stark wie noch nie zuvor. Zu Resignation oder Kapitulation aber gibt es keinen Anlass. Denn Journalismus ist und bleibt unersetzlich – auch wenn sich sein Kosmos in Organisation und Technik revolutionär verändert, auch verändern muss. Informationen zu erschließen, zu filtern, zu erklären, zu ordnen und zu interpretieren – das geht nicht ohne Redakteure, ohne Rechercheure, ohne Reporter, ohne News Anchor, ohne Kommentatoren. Der Leserreporter im Internet mag die Lehman Brothers bei der Flucht vor der Öffentlichkeit fotografieren und ihren Opfern auf der Straße Luftblasen der Empörung entlocken – was sich in den Stunden des Zusammenbruchs in Vorstandssuiten und Ministerbüros abgespielt hat, das können nur Journalisten aufdecken und einordnen. Der Demonstrant in Teheran mag mit der Handy-Kamera jener jungen Frau zur Unsterblichkeit verhelfen, die von Milizionären des Regimes erschossen wurde – die politische Wirkung ihres Todes, das Kräftespiel in Iran und die Interessen der Mächte außerhalb aber offenbart nur der kenntnisreiche Journalist. Lesen Sie auf der nächsten Seite, ob Blogger Aufmerksamkeit verdienen.

Um die angebliche Konkurrenz durch das Internet auf den Punkt zu bringen: Auch die Online-Welt, die Blogosphäre eingeschlossen, ist nichts ohne Journalismus. Das Netz bietet vieles: Unterhaltung, Wissen, Konsum und soziale Gemeinschaft. Journalistische Online-Portale aber sind sein Rückgrat, was Information und Orientierung betrifft.

Das gilt nicht nur für die Portale traditioneller Medien. Auch reine Online-Medien, die *Huffington Post* etwa, werden von Journalisten betrieben. Und die Blogger, die Aufmerksamkeit verdienen und Menschen bewegen – Stefan Niggemeier etwa, Kai Diekmann oder Michael Spreng – sind Journalisten. Sie wären nichts, wenn sie das nicht wären. Die zahllosen digitalen Disputierzirkel tun nichts anderes, als journalistische Nahrung zu verdauen. Sie kreieren nicht, sie verwerten.

Kein Gott, kein Kaiser noch Tribun

Eine Studie in Baltimore an der amerikanischen Ostküste hat gerade die erdrückende Dominanz der traditionellen Medien nachgewiesen. Im Sommer 2009 war dort eine Woche lang die Arbeit von 53 lokalen Nachrichtenredaktionen beobachtet worden – Print, Online, Radio und Fernsehen. Fast alle Geschichten, die neue Informationen enthielten – 95 Prozent – stammten von »alten« Medien, an der Spitze die Zeitungen. Sie setzten die Agenda. Nur der winzige Rest wurde von den Neuen beigesteuert, von Websites, Blogs und Twitter.

Bloß: Wovon lebt der Journalist, wenn den klassischen Medien, die ihn tragen, das Geld ausgeht – und die Online-Medien von ihren lausigen Pennies nicht leben können? Wer bezahlt noch die Abenteuer kostspieliger Rechercheure, wenn Redaktionen zusammengehämmert und Verleger zu Sparkommissaren werden? Und wie kommen Online-Ableger auf einen grünen Zweig, ohne dass sie von ihren klassischen Stamm-Medien gewässert und gedüngt werden? Müssen das am Ende Mäzene richten, Stiftungen – oder gar der Staat mit Subventionen, wie in Frankreich? Nichts gegen Wohltäter oder Stiftungen, aber: Davor bewahre uns der Himmel!

Und da der's nicht tun wird – kein Gott, kein Kaiser noch Tribun –, müssen wir's schon selber tun.

Beginnen wir mit den Printmedien. Zunächst gilt es zu begreifen: Nicht jede sinkende Auflage ist das Resultat eines unentrinnbaren, verzehrenden Wettbewerbs mit dem Internet. Manche ist auch das Ergebnis verschlafener Modernisierung, verweigerter Umstrukturierung oder verdrängter journalistischer Fehler. Nach meinem Eindruck nehmen sich Verleger zu leichtfertig gegenseitig an der Hand und flüchten vor solcher Einsicht (und Verantwortung) mit dem kollektiven Seufzer: Das Internet, es saugt uns aus!

Wer aber hat noch den Mut und die Kreativität, neue Zeitungs- und Zeitschriftenkonzepte zu entwickeln, die Leser begeistern und junge Leute ansprechen? Eine Tageszeitung für jüngere Leser – von ebensolchen Journalisten auf die Beine gestellt –, mit einer anderen Themensetzung und einer anderen Blattstruktur als der gehabten aus dem 20. Jahrhundert wäre jede Anstrengung wert! Wer die ersten Seiten mit Schnarchalien aus dem Innenleben von Parteien und Machtapparaten füllt und danach das Übliche aus Wirtschaft, Sport, Kultur und Lokalem abspult, braucht sich nicht zu wundern, dass er am Ende ein Seniorenblatt produziert, das von Jüngeren nur noch begähnt wird.

Gut gemachte Blätter mit fesselnd geschriebenen Texten finden ihre Leser – und zwar in wachsender Zahl. Sofern dem Journalismus der Raum gegeben wird, den er braucht, um Leser zu begeistern und zu binden. Verloren aber ist der Print selbst dann nicht, wenn man die These von den unabwendbar schrumpfenden Auflagen teilt und auf Anzeigen in alter Fülle nicht mehr hoffen darf. Die verbleibenden Leser werden bereit sein, mehr für ihr Blatt zu zahlen, wenn – ja, wenn! – es dessen Qualität rechtfertigt.

Das wertet den Journalismus auf. Das macht ihn noch unverzichtbarer. Und das verlangt nach Journalisten, die für ihr Blatt zur Marke werden – vom Leser gesucht, von der Redaktion herausgestellt, vom Verlag gepflegt. Um es anders auszudrücken: Das Autorenprinzip gewinnt im rasenden Wettbewerb um Aufmerksamkeit an Bedeutung. Auch und gerade, wenn die Redaktionen von den Verlagen aus Kostengründen personell ausgekämmt werden. Das gilt für überregionale wie für regionale oder lokale Blätter – und nicht weniger auch für Online-Medien.

Münden Sparorgien dagegen in journalistische Gesichtslosigkeit, ist das Blatt insgesamt verloren – der Untergang ist bloß noch eine Frage der Zeit. Der Journalist als Marke braucht also den Verleger aus Leidenschaft. Einen, der sich nicht vom Blindenhund des Controllings durch die Krise zerren lässt. Irgendwann wird der sich umdrehen und nach dem Herrchen schnappen. Nebenbei bemerkt: Eine schwindende Abhängigkeit von Anzeigen muss kein Schaden sein für Print-Medien. Sofern … siehe oben.

Und nun zu den Online-Medien. Deren Geburtsfehler war, das bedarf keiner weiteren Erörterung, die kostenlose Verbreitung teurer journalistischer Inhalte. Dieser Fehler muss, wann und wo immer es möglich ist, korrigiert werden. Nicht nur im Interesse der bedrängten traditionellen Medien, auch im eigenen. Darauf zu hoffen, dass sich Websites irgendwann durch Werbeeinnahmen selbst dauerhaft finanzieren können, ist pure Illusion.

Der Nutzer muss bezahlen

Aber das braucht mutige Verlage, die den Irrweg korrigieren – und bereit sind, sich mit anderen Verlagen auf gemeinsame Strategien zu verständigen. Was Geld gekostet hat, muss der Nutzer bezahlen – wenn Anzeigen die Finanzierung nicht tragen. Es gibt Ansätze dafür, Ideen und Modelle. Aus ihnen mögen sich die Strategen und Rechner in den Verlagen bedienen. Die Dinge weiter treiben zu lassen und den Journalisten in den Online-Medien zuzumuten, weit unter den Standards der Branche bezahlt und sozial gesichert zu sein, ist jedenfalls unverantwortlich.

Das führt zu einer zweiten Aufgabe, der inhaltlichen Neuausrichtung der Websites traditioneller Medien. Spiegel online hat Maßstäbe gesetzt für den Nachrichtenjournalismus – die Übrigen haben das Modell mehr oder weniger kopiert. Der Urheber ist aber, sofern er seine Vormacht nicht fahrlässig verspielt, mit diesen Modifikationen kaum zu schlagen. Die Konkurrenten sollten daher eigene, speziell auf ihre Stärken, ihr Profil zugeschnittene Angebote entwickeln – wenn es geht: radikal anders – und die bei Einführung nur gegen Gebühr zugänglich machen. Die deutschen Medien-Websites, die meisten jedenfalls, brauchen einen inhaltlichen Neustart. »Wozu noch Journalismus?« – diese Frage wäre dann beantwortet.

Sind wir Putzerfische?

Journalisten sind Verknüpfer der Disziplinen und Handwerker der Verbesserung. Was sie dafür brauchen, ist vor allem eine Haltung zu Themen und Beruf.

Von Sonia Seymour Mikich

Sonia Seymour Mikich, Jahrgang 1951, seit 2002 Leiterin des ARD-Politmagazins *Monitor*. Zuvor ARD-Studioleiterin in Moskau und Paris und langjährige Auslandsreporterin. Für Berichterstattung in Russland und Tschetschenien mit Bundesverdienstkreuz ausgezeichnet.

© WDR/Klaus Görgen

Der kleine Putzerfisch befreit den Hai von lästigen Parasiten, dazu schwimmt er jenem ins Maul. Für den Putzerfisch ist die Tafel ständig gedeckt, für den Hai ist es Wellness, ohne einander ginge es schlechter. Sind Journalisten Putzerfische? Leben sie von den Krumen, die die große Realität abwirft? Ist es erstrebenswert, ein Putzerfisch zu sein?

Nach fast drei Jahrzehnten Tummeln in sehr unterschiedlichen Journalismen, nach Jahren der inneren Bereitschaft, vieles an unserem Gewerbe zynisch oder lächerlich zu finden, tut es gut, nach der eigenen Relevanz zu fragen und zwar so naiv wie damals beim Berufseinstieg. Warum will ich Journalistin sein? Wozu noch Journalismus? Das heißt ja, wozu morgens aufstehen?

Echo in den Nischen

Die Untergangsstimmung im Printbereich, die wohl Motor dieser *SZ*-Selbstfindungsreihe ist, erzeugt ein Echo in den Nischen des politischen Fernsehjournalismus, mag unsereins – noch -nicht um Geschäftsmodelle bangen müssen. Seien wir doch ehrlich, Journalisten stehen nicht mehr oben auf der Hit-Liste geschätzter und vorbildhafter Zeitgenossen. Außerhalb des Medien-Biotops, nämlich in der Wirklichkeit, ist der Blick auf unseren Berufsstand eher unfreundlich und es wird nicht feinfühlig unterschieden zwischen den Genres. Wir alle sind »die Medien«. Betrüblich aber wahr: Die Mitmenschen unterstellen, wir seien allesamt nur noch getrieben von guten Quoten, Auflagen, Klickzahlen. Dass wir Fehler schönreden, gern hart austeilen, aber ein gläsernes Kinn haben, wenn es um Kritik an uns selber geht. Dass wir Weltmeister im Ätzen und Besserwissen sind. Ob Print, Radio, Fernsehen oder Online: Viele Nutzer bekritteln – nicht grundlos – den Mangel an Tiefgang, an Persönlichkeiten, an Meinungsfreude. Sie erleben intellektuelles Versagen beim Deuten großer Zusammenhänge und geringe Lust am Einmischen. Und merken an, dass Feuerwehrleute, Lehrer, Briefträger oder Ärzte höhere Vertrauenswerte vorweisen können als »die« Journalisten. Nebenbei: Jeder telegene Kleiderständer, jedes Model darf sich inzwischen Moderatorin nennen, jeder Handyschwenker Reporter. Das kann nicht gut sein für das Ansehen der Branche.

Gibt unser Berufsstand die eigene Gravitas auf? Gravitas ist eine Qualität aus dem antiken Rom. Sie meinte Substanz in der Persönlichkeit, eine gewisse Ernsthaftigkeit und Verantwortungsbereitschaft. Obwohl Gravitas dieselbe Wortwurzel hat wie Gravität, sollte man es nicht verwechseln mit Wichtigkeit, mit Prominenz. Nein, Gravitas war attraktiv, sie erforderte Tiefe im Denken und Handeln. Lesen Sie auf der nächsten Seite, woher die Erosion unserer Autorität kommt.

Woher kommt die Erosion unserer Autorität? Vielleicht, weil wir einfach verpennt haben, dass aus unseren Artikeln und Filmen »Produkte« oder »Stücke« wurden, aus dem Kulturgut Journalismus ein Wirtschaftsgut namens content. Wir machten es uns gemütlich, als »benchmarking«, »audience-flow«, »controlling«, »usabilty«, »look and feel«, »performance« in unserem Handwerkskasten auftauchten und die »tools« eines angesagten Superprofessionalismus wurden. Als hätten wir 'nen kleinen McKinsey im Ohr lernten wir Neusprech.

Aber was war, bitteschön, »best practice« je anders als das strenge Einhalten professioneller Standards?

Gleichzeitig »trug« man nicht mehr so gern Haltung, das klang nach peinlicher Alterskrankheit, nach muffig und ideologisch. Bis zur Konturenlosigkeit vergaßen wir die gute, anti-autoritäre Frage: WER will eigentlich, dass wir WAS bearbeiten und WARUM? Wir unterwarfen uns der verführerischen Tyrannei der Aktualität und nahmen uns keine Zeit mehr zu zweifeln. Verständlich, wer ist schon gerne auf Dauer Miesmacher?

Besser informiert, weniger weise

Wir ließen uns von der Flut der Informationen einschüchtern oder betäuben, obwohl wir ahnten, dass die Welt durch das Internet nicht durchschaubarer wurde. Immer besser informiert, immer weniger weise. Und die Kraft unserer Arbeit wurde ausgehöhlt durch die Inflation der Themen, durch die Auflösung der Grenzen zwischen Fakt und Fiktion und Agenda-Setting, zwischen Profis und Amateuren und PR-Agenturen.

Während Journalisten an ihrem Selbstverständnis herumrätselten, blühte die organisierte Meinungsmache, die Wachstumsbranche bevölkert von Consultants, Werbegurus und Spin-Doktoren. Sie verschafften Produkten, Ideologien, Politikern Aufmerksamkeit. Ob es um die Vorsorge-Impfung gegen Schweinegrippe, um das neue Image eines Wahlkämpfers, um das Propagieren der privaten Altersvorsorge ging. (Und ich lernte mich fremdzuschämen für vieles, was als Journalismus durchging, auch für die Fälle von Themenplacement im öffentlich-rechtlichen Fernsehen.)

Teilhaber der politischen Elite

Wie der gewitzte Tom Schimmeck die »Meinungsfrisöre« beschreibt:

»Es sind Macht-Dienstleister. Weil sie in der Regel auf Seiten der politischen und wirtschaftlichen Macht arbeiten, um deren Message maximale Schlagkraft zu verleihen. Sie bewachen den Zugang zu Informationen. Sie setzen Personen und Interessen in Szene. Sie designen die Darsteller, drechseln ihnen passende Sätze, planen minutiös, was wann in die Welt gesetzt wird und wer wie wirken soll. Sie sind eng verwoben mit allerlei Think-Tanks, Lobbygruppen und Stiftungen, die Interessen bündeln, Politik entwerfen und diese auch durchsetzen helfen.«

Während »professionelle Meinungsfrisöre« sich also als neue »vierte Gewalt« etablieren, sind zu viele Reporter, Leitartikler, Talkmaster, Moderatoren daran interessiert, Teilhaber der politischen Elite zu werden. Quatschen, kuscheln, coachen. Konform zu sein mit dieser Elite führt zu Privilegien und Prestige, man kriegt so viel Aufmerksamkeit in der »mutual appreciation society«, dem Klub der Schulterklopfer. (MANN lädt sich zu Symposien, Podiumsdiskussionen und Medientagen ein, ist sich kumpelige Referenzgröße, und belässt es bei zwei, drei Alibifrauen wie anno dunnemal …)

Versuchen Sie mal, unaufgeblasen zu bleiben während einer Mediengala. Es tummeln sich viele Maulwerksburschen, die von ihrer eigenen Heißluft-Produktion so schön nach oben getragen werden und die sich so gerne auf Kosten anderer profilieren. Aber die Bedeutungsaura der Alpha-Kollegen beruht auf einer großen Verwechslung: Sie vergessen im Zeitalter der personality, dass das Gemachte stets wichtiger ist als der Macher. Sie verdrängen, dass Journalisten nicht arbeiten, um andere Journalisten zu beeindrucken, um Informationen von oben nach unten weiterzureichen.

Eine übertriebene Schelte? Mag sein, aber ich habe immer diejenigen als ganz gesund empfunden, die Distanz zu jeder Elite, sei es die politische, wirtschaftliche oder gesellschaftliche, eingehalten haben. Insbesondere Bildschirmpräsenz ist nur geliehene Macht. Wir sind nur so wichtig wie unsere letzte Sendung, unsere letzte Reportage oder Enthüllung.

Wozu noch … Journalisten? Weil wir das Falsche, das Ungerechte korrigieren können. Weil wir – auf allen Verbreitungswegen – Macht ausleuchten, Machtmissbrauch benennen. Klingt nach Glanz und Gloria und Heldentum, und ist meist graue Kleinarbeit. Schwarzbrot eben. Investigative Journalisten, aber nicht nur sie, verkörpern eine ziemlich masochistische Treue zur Demokratie. Denn Interessenpolitik, Fehlleistungen und Korruption werden ja nie freiwillig zugegeben, sondern meist von journalistischen Überzeugungstätern mühselig ausgebuddelt, gegenrecherchiert, dokumentiert, mit Energie veröffentlicht und allzu oft vom nächsten Event oder Skandal beiseitegedrängt.

Citoyen Journalist

Haltung heißt auch »aushalten«, »durchhalten«: dass die Enthüllung in 24 Stunden überholt ist, dass keine Staatsanwälte tätig werden, dass niemand zurücktritt, niemand Angst bekommt. Dass die rechtliche Absicherung immer mehr Arbeitszeit in den Redaktionen frisst. Dass die Dinge sich nicht bessern. Jahrein, jahraus. Aber was ist die Alternative? Wer, wenn nicht Journalisten?

Zwischenbemerkung: Nein, ich bin nicht in einer depressiven Peitsch-mich-Phase und auch nicht im Burn-out, ich fühle Berufsstolz, wenn Kollegen glänzen, wenn die Arbeit »stimmt« und wahrgenommen wird und etwas bewirkt. (Mir ging es neulich richtig gut, als ich Tanjev Schultz' brillanten Artikel über Hartmut von Hentig und die Odenwaldschule las. So stelle ich mir Selbstreflexion eines Journalisten vor.) Aber wie viele Highlights gibt es –

und wie viele Eintrübungen? Mir ist wohler, dies nicht erst im Rentenalter zu fragen …

Wenn wir gut arbeiten, dann helfen wir unseren Lesern, Zuhörern und Zuschauern Stuss als solchen zu erkennen und bei wesentlichen gesellschaftlichen Entwicklungen mitzumachen. Aufklärung eben. Und: Wir setzen die Mächtigen in der Politik, Wirtschaft oder Kultur unter Legitimationsdruck. Sie sollen sich äußern zu ihren Entscheidungen und Handlungen, sie sollen sich rechtfertigen. Sie sollen an ihre Versprechen von vorgestern erinnert werden. Citoyen Journalist.

Skepsis auf einmal gerne gesehen

Ein wenig leuchtete diese Haltung auf, als die Finanz- und Wirtschaftskrise über die Menschen hinwegfegte, unverdrängbar und bedrohlich. Skepsis war plötzlich eine gern gesehene Eigenschaft, die »Systemfrage« war wieder da. Sogar Fundis des Neoliberalismus sprachen über Verteilungsgerechtigkeit. Börsenexperten und Ranking-Gurus wurden enttarnt – und gelobten Besserung. »Nichts wird mehr so sein wie früher.« Und heute?

Der Steuerzahler hat ein aberwitziges Lösegeld hingelegt, die Einkommen der nächsten Generation noch mitverpfändet und ist doch wieder in Geiselhaft. Es wurde viel geredet und wenig reguliert. Die Boni fließen wieder in Milliardenhöhe, die Finanzblasen blähen sich aufs Neue und die Stimmung im Land ist wie der unsympathische Werbeslogan: »Unterm Strich – zähl ich.« Als ob Politiker, Wirtschaftsführer, Journalisten – ja die ganze Gesellschaft das Gedächtnis einer Fruchtfliege hätten.

All das erträgt man immer schlechter, zumindest ich, und da kommt die Frage: »Wozu noch Journalismus?« gerade recht. Er könnte viel stärker dazu beitragen, dass die Großthemen, die Vorwärtsthemen nicht mehr nebeneinander herlaufen, unverbunden. Journalisten könnten dafür sorgen, dass Wissen und Kritik zusammenkommen, ausgetauscht werden. Wir wären so etwas wie Verknüpfer zwischen den Disziplinen.

Simples Beispiel Klimawandel: Naturwissenschaftler gaben Zahlen und Warnungen. Ingenieure stellten neue Technologien vor. Sozialpsychologen erklärten, warum der Mensch so viele Blockaden vor radikalen Veränderungen hat. Experten produzierten eine Informationsflut. Kameraleute zeigten Gletscherschmelze und ertrinkende Eisbären. Unternehmer rechneten an Emissionsrechten herum. Ethiker sprachen von fairem Handel oder Konsumkritik. Und Skeptiker leugneten das Problem. Alles hing mit allem zusammen, das schon, aber die Erkenntnisse und Handlungsansätze dümpelten unfruchtbar vor sich hin. So mündeten Menschheitsprobleme leider vorwiegend in Mega-Wortproduktionen.

Sie macht mich kirre, die Zersplitterung der Diskurse. Ein kritischer Journalismus, das wäre meine Hoffnung, würde die verzettelten Argumente der Zivilgesellschaft bündeln und zu einem klaren Kammerton machen: dass wir in die Gänge kommen wollen, dass wir Fortschritt nach wie vor für möglich halten. Dass wir die richtigen Fragen finden, wenn es schon so schwer ist mit den Antworten. Wir sind keine Fruchtfliegen. Journalismus besorgt und systematisiert den Stoff, aus dem die Geschichtsschreibung sein wird.

Ein weißer Schimmel

Kritischer Journalismus – im Grunde ein weißer Schimmel, aber ich habe leider zu oft erlebt, wie schnell er unter Druck gerät oder in Nischen verschwindet. Ich finde kritischen Journalismus aufregend und zukunftsfest. Er kann nicht »light« daherkommen. Und: »Relevant« reimt sich ganz gut auf »interessant«. Und wenn Mäkler und Zyniker den »erhobenen Zeigefinger« wittern, verweigere ich ihnen inzwischen die Ehre hinzuhören und stelle fest: Belehrung ist von gestern, aber Haltung ist cool, Journalisten sollten mehr Ehrgeiz haben als eine Suchmaschine.

Die Welt ist nicht in Ordnung, der gesellschaftliche Kitt zerbröselt rasant. Viel zu viele Mitmenschen sind von Glück, von Selbstbestimmung ausgeschlossen, das mag ich nicht hinnehmen. Wir schreiben das Jahr 2010: Sich nicht mehr mit Beliebigkeit zufriedenzugeben, das weist nach vorn, und um unser Selbstverständnis zu ringen, ist womöglich attraktiver für die Jungen als ironische Sprüche. Denn ein Journalist ohne Credo bleibt, in meiner Sicht, nur Baustein einer industriellen Fertigungsstraße. Ganz unsentimental setze ich auf Haltung 2.0, auf Überzeugung reloaded.

Was für ein Beruf! Wo sonst kann sich jemand – implizit und explizit – für Demokratie, Bildung und Gemeinwohl einsetzen, fein und massenwirksam zugleich? Allen Kaltherzigen und Nassforschen zum Trotz: Verbriefte Ideale wie Gerechtigkeit, Gleichheit, Freiheit verknöchern nie. Sie sind Fernziele, auf die Journalisten aktiv hinarbeiten können. Auch, weil sie uns beseelen.

Ideale sind per definitionem unerreichbar, aber Fortschritt ist der andauernde Versuch, darauf hinzuarbeiten. Berichten für das Wissen aller, für das Wohl aller, für den Fortschritt aller – das wäre ein schönerer Ehrgeiz als Flüchtiges möglichst schnell und laut zu verbreiten, davon bin ich überzeugt. Und Haltung wird sich als Alleinstellungsmerkmal für interessanten, guten Journalismus entpuppen, egal in welchem Medium.

Empfehlenswerter Selbstversuch

Um diese Gedanken aufzuschreiben, schaute ich übrigens in mein Bewerbungsschreiben an den WDR aus den frühen achtziger Jahren, ein sehr empfehlenswerter Selbstversuch. Es ging mir damals als Volontärin mit viel jüngeren Worten um dasselbe: Journalisten sollen Gewicht haben. Wir sollen dem Anliegen von Regierungen, von Eliten, von »Meinungsfriseuren« widersprechen, die Welt in ihrem Sinne interpretieren zu lassen.

Sollen Werte vermitteln, ohne Utopieschnörkelei. Zum Beispiel faires Gehalt für ordentliche Arbeit. Eine sture Vorstellung von Anstand, Nachbarschaftlichkeit und Solidarität unter der Prämisse, dass andere uns ähnlich sind. Gönnen können. Gemeinsame Fragen entwickeln: Ist dieses System entschieden verbesserbar? Das alles muss nicht heroisch daherkommen.

Wozu Journalismus? Weil wir Handwerker der Verbesserung sind. Ich will eine sympathischere Gesellschaft, die allen Menschen, unabhängig von ihrer Herkunft oder ihrem materiellen Status, ein würdiges Leben ermöglicht. Die die Umwelt nicht umbringt. Die keine Ideologien nötig hat. Und es schließt sich der Kreis: Kritische Journalisten lassen sich nicht von der Größe der Aufgaben erschrecken.

Hyperlokale Helden

Zeitungen werden zum Luxusprodukt, aber sie können eine Renaissance erleben. Gerade im Lokaljournalismus wird es dafür einige Änderungen brauchen.

Von Thomas Krüger

© Lars Welding/bpb

Thomas Krüger, Jahrgang 1959, ist Präsident der Bundeszentrale für politischen Bildung.

Trotz schlechter Nachrichten in den vergangenen Monaten kommt offenkundig wieder Bewegung in den Zeitungsmarkt. Vor einigen Wochen hat die *New York Times* über eine Studie des Pew Research Center in Washington DC berichtet, die einmal mehr die Bedeutung der amerikanischen Zeitungen als Leitmedium bestätigt: Obwohl es in den USA bereits viele unabhängige lokale News-Websites gibt, geben Zeitungen nach wie vor den Ton an. 95 Prozent, also fast alle Artikel, die seriöse Nachrichten enthalten, stammen – so ein Ergebnis der Studie – aus den klassischen Printmedien, davon die meisten aus Tageszeitungen.

Dennoch, die gedruckten Zeitungen haben momentan – und wohl auch bis auf weiteres – erhebliche Probleme. Die Einnahmen aus klassischer Anzeigenwerbung und Kleinanzeigen versiegen. Die Konkurrenz durch Internet-Versandriesen und -Auktionshäuser, durch Immobilien- und Kfz-Portale, durch Stellen- und Reisebörsen und natürlich durch Google, den Platzhirschen im Internet, ist einfach zu groß. Viele Zeitungsverlage haben vor einigen Jahren schon den Anschluss verpasst, als es darum hätte gehen müssen, neue Geschäftsmodelle auszuprobieren, um mit den Online-Newcomern mithalten zu können. Experimentiergeist wurde bei vielen Verlagen bis vor einigen Jahren eher milde belächelt als belohnt.

Kopfschmerzen bereitet den meisten Zeitungsverlagen auch die Umsonst-Kultur im Internet, die Springer-Chef Mathias Döpfner kürzlich als »Web-Kommunismus« beschimpft hat. Es ist nachvollziehbar, dass Verlagsgrößen wie die Axel Springer AG oder die WAZ-Gruppe es für absurd halten, ihre Inhalte einfach an die Nutzerinnen und Nutzer herzuschenken – schließlich ist guter, aufwändig recherchierter Journalismus mit hohen Kosten und Investitionen verbunden.

Kampfansage der Verleger

Einer aktuellen Studie der Gesellschaft für Konsumforschung zufolge wären allerdings nur zehn Prozent der Deutschen bereit, für Nachrichten im Netz überhaupt zu zahlen. Die Kampfansage der Verleger, den Gratiswahn über Bezahlmodelle stoppen zu wollen, ist also sehr ambitioniert. Einen Versuch ist es aber allemal wert.

»Papier ist geduldig« hieß es früher immer, wenn schriftliche Vereinbarungen nicht eingehalten wurden. Heute ist es genau umgekehrt – womit wir beim dritten Problem der Zeitungen wären. Wir müssen akzeptieren, dass es ja gerade die sich im Medium Internet zeigende Ungeduld des Nachrichtenstroms und die Unverbindlichkeit sozialer Kontakte sind, die das Vertriebsmodell von gedruckten Zeitungen auf lange Sicht scheinbar obsolet und das Internet für Alt und Jung heute so reizvoll machen. Lesen Sie auf der nächsten Seite, welche Bedeutung das Internet für Kinder bekommen hat.

Der spielerische und selbstbestimmte Umgang mit Informationen, die jederzeit brandaktuell und von fast jedem Ort der Erde abgerufen werden können, ist eine der größten und faszinierendsten Errungenschaften unserer Zeit. Für die meisten Menschen wird es in dieser Beziehung kein Zurück mehr geben. Symptomatisch für die Tiefe der Zäsur, wie wir sie in den vergangenen Jahren erlebt haben, ist die wahre Anekdote eines Jungen, der seinen Vater fragt:»Papa, wie seid ihr eigentlich früher ins Internet gekommen als es noch keine Computer gab?«

Die Frage dieses Kindes zeigt vor allem eines: Dass sich schon in wenigen Jahren die Mehrheit der Bevölkerung gar nicht mehr vorstellen kann, wie es war, ohne das Internet zu leben oder zu arbeiten. Der Fortschritt unserer Arbeitskultur – das gilt gerade für eine Wissensgesellschaft wie die deutsche – wird unter anderem daran gemessen, wie wir im Netz aufgestellt sind. Und so ist es nur konsequent, dass unser Nachwuchs von Kindesbeinen an mit den positiven Gepflogenheiten dieses Mediums aber auch mit den Gefahren vertraut gemacht wird.

Schulfach Interneterziehung

Nicht von ungefähr forderte Deutschlands bekanntester Blogger Sascha Lobo kürzlich in einem Essay das Schulfach Interneterziehung. Es müsse, argumentiert Lobo, in den Schulen künftig darum gehen, unseren Kindern eine neue Medienkompetenz zu vermitteln, die sie bereits in frühen Jahren für den intelligenten Umgang mit Suchmaschinen wappnet oder für die Konsequenzen der Preisgabe von persönlichen Daten im Netz sensibilisiert.

Der Beitrag von Sascha Lobo war eine Gegenrede zu einem Beitrag des FAZ-Herausgebers Frank Schirrmacher mit dem Titel »Mein Kopf macht nicht mehr mit« im *Spiegel* vom 16. November 2009. Schirrmacher hatte die kulturpessimistische These aufgestellt, dass das Denken der Menschen vom »Multitasking« und durch die gewaltige Informationskonkurrenz im Internet regelrecht »aufgefressen« werde.

Schirrmacher warnt davor, dass wir offenkundig unsere soziale Freiheit zugunsten der Abhängigkeit von Computern einbüßen und plädiert für eine Rückkehr zu geschützten kommunikativen Räumen und medialen Ruhephasen, um die Kontrolle über unser Denken, aber auch unsere Kreativität zurückzugewinnen.

Dies ist ein gegenläufiger, mithin wichtiger Trend, den auch die in St. Gallen lehrende Kommunikationswissenschaftlerin Miriam Meckel unlängst in dem Buch »Das Glück der Unerreichbarkeit« beschrieben hat. Darin setzt sich die Autorin kritisch mit den Kollateralschäden auseinander, für die die neuen Informations- und Kommunikationstechnologien wie Handy, E-Mail und das Internet verantwortlich sind. Meckel öffnet die Augen dafür, dass die uneingeschränkte Erreichbarkeit zu jeder Zeit an jedem Ort auch zur Last werden kann, sogar mit gesundheitlichen Folgen. Nur die Verknappung der eigenen Aufmerksamkeit und der gezielte Zugriff auf Informationen könnten, so Meckel, wieder dazu führen, dass wir vor allem die Qualität unserer Kommunikation steigern.

Es ist zu erwarten, dass die gedruckte Zeitung über kurz oder lang eine Renaissance erleben wird. Die Kultur des bedruckten Papiers hat gerade im digitalen Zeitalter sicher einige Wettbewerbsnachteile. Sie wirkt behäbig, eindimensional und analog. Aber sie ist andererseits präzise, reflektiert, nachhaltig und glaubwürdig. All das sind Werte eines Journalismus, nach denen man sich schon heute oft genug zurücksehnt. Und diese Sehnsucht der Menschen nach Beständigkeit, Glaubwürdigkeit und Konzentration auf das Wesentliche wird sich in den kommenden Jahren noch steigern.

Slow-Media-Bewegung

Ähnlich wie die Slow-Food-Bewegung als Gegenkonzept zur Fast-Food-Ideologie gibt es seit einiger Zeit etliche Journalisten und

Mediennutzer in Amerika und Europa, die sich einer Slow-Media-Bewegung angeschlossen haben. Slow Media setzt sich dafür ein, dass die Nutzer weniger, dafür bessere Medien konsumieren können, und dass sich die Journalisten wieder mehr Zeit für Recherche, Fact-Checking und Akkuratesse im Produktionsprozess nehmen. Diese Idee ist weniger abwegig als sie vielleicht zunächst klingt und im Kern nichts anderes als ein Appell an einen Qualitätsjournalismus, den Zeitungen und Zeitschriften ja schon seit vielen Jahrzehnten pflegen.

Einer der Hauptverfechter der Slow-Media-Bewegung ist der britische Medienvisionär Tyler Brûlé, der unter anderem Zeitschriften wie *Monocle* und das *Wallpaper Magazine* erfunden hat. Brûlé glaubt, dass in den Medien schon bald ein kulturelles und wirtschaftliches Umdenken stattfinden wird, ähnlich wie derzeit in der Auto- oder schon vor längerem in der Ernährungsindustrie. Er ist überzeugt, dass immer mehr Menschen gesteigerten Wert auf Qualität legen, auch im Mediensektor, und Verlage wie Unternehmen auf diesen Wunsch nach einer verlangsamten, verträglichen Lebensweise reagieren.

Leser stärker einbeziehen

Es geht den Slow-Media-Anhängern im Kern aber nicht um eine generelle Entschleunigung im Medienbereich, sondern um die Rolle der Medien für unsere Demokratie! Es geht darum, eine tragfähige Strategie zu entwickeln, wie seriöse, solide Berichterstattung überleben kann, wie sich journalistische Traditionsmarken vor dem Ausverkauf schützen können und wie guter Journalismus seine Stärken doch noch monetarisieren kann. Die Tugenden des Journalismus – sie bedeuten keine politische Rechtfertigung an sich.

Wenn immer weniger Menschen eine Zeitung kaufen, weil die ihnen nur die Nachrichten vom Vortag anbietet, ist es überfällig zu überlegen, wie sich Zeitungen sowohl online als auch offline abseits der »Vortagsaktualität« mit nachhaltigen, kreativen, mutigen und letztlich bürgernahen Qualitäten als Forum unentbehrlich machen können. Und dafür sollten sich Journalisten – vor allem Lokalzeitungsredakteure – auf Faktentreue, Fachwissen und

Vermittlungskompetenz besinnen, statt über Existenzsorgen zu klagen.

Es ist nicht zu erwarten, dass sich Zeitungen zum reinen Statussymbol für Reiche und Gebildete wandeln, wie dies mitunter von Experten behauptet wird. Sie werden aber auch nicht das Massenmedium bleiben, das sie einst waren – jedenfalls nicht in gedruckter Form. Zeitungen werden in jedem Fall zum Luxusprodukt – aber in dem Sinne, dass sie für diejenigen attraktiv bleiben, die sich der Kostbarkeit ihrer Zeit bewusst sind, die das ästhetisch-haptische Vergnügen lieben und die bereit sind, für glaubwürdige und hochwertige Informationen zu bezahlen. Auch wenn es momentan kein Patentrezept gibt: Zeitungen haben eine gute Chance zu bestehen, speziell der Lokaljournalismus

Um diese Chance aber ergreifen zu können, müssen Lokal- und Regionalzeitungen ihre Leserinnen und Leser stärker einbeziehen. Der Dialog ist das A und O um herauszufinden, was das Publikum eigentlich möchte. Für den Leser ist es wichtig, dass er ernst genommen wird und in seiner Lokalzeitung einen Anwalt und Verbündeten weiß.

Der Erfolg einiger Neugründungen vor allem in den USA spricht dafür, dass sich Lokalzeitungen mehr Nischen suchen müssen, die unsere Lebenswirklichkeit unmittelbar abbilden. Lokaljournalismus muss sich stärker auf eine Berichterstattung konzentrieren, die früher »kommunal« und heute neudeutsch »hyperlokal« heißt, also Berichte über die Kriminalitätsrate in meiner direkten Nachbarschaft, Debatten um die katastrophale Müllentsorgung in meinem Viertel oder Kommentare zur Kita-Situation bei mir um die Ecke. Egal, welcher Fokus gewählt wird, es geht vor allem um den Nutzwert auf Stadtteil-Ebene.

Nicht die Demokratie beschädigen!

Die vorrangige Frage, die Zeitungsverleger heute beschäftigen sollte, lautet gar nicht »Wozu noch Zeitungen?«, sondern tatsächlich – viel grundlegender – »Wozu noch Journalismus?«. Wenn nun aber weiter an Inhalten und Personal gespart wird, wie es sich derzeit abzeichnet, berauben sich Zeitungen selbst ihrer wichtigsten Grundlage, wegen derer sie – noch – gekauft werden. Mit anderen Worten: Ohne professionellen, auch teuren Journalismus, also ohne Leitartikel und Lokalspitzen, Reportagen und Analysen, löst sich die Presse in Nichts auf – und das schadet längst nicht nur den Kassen der Verlage, sondern würde mit Sicherheit auch die Demokratie beschädigen.

Eine Demokratie ohne lokale Tageszeitungen wäre um einiges ärmer. Sie wäre vielleicht eine Demokratie, in der das lokale Geschehen nur noch von Bloggern und Bürgerjournalisten beobachtet und bewertet wird. Sie wäre vielleicht eine, in der sich Qualitätsmedien nur noch auf das große Ganze konzentrieren und den Blick für das große Kleine aus den Augen verlieren. Und sie wäre vielleicht eine Demokratie, in der sich Journalisten nicht mehr als Wachhunde der Demokratie, sondern als brave Schoßhunde begreifen, die den Mächtigen nicht mehr ans Bein pinkeln wollen.

Die lästigen Leitartikler

Journalistische Traditionsmarken als zuverlässige Quelle:
Die Macher beim *heute-journal* arbeiten noch mit einer Taskforce,
die Nachrichten prüft, wertet und aktiv sucht.

Von Marietta Slomka

© ZDF / Thomas Morice

Marietta Slomka, Jahrgang 1969, seit 1998 beim ZDF, ist Anchor-woman beim *heute-journal*. Für ihre Moderationen wurde sie 2009 mit dem Adolf-Grimme-Preis ausgezeichnet.

> »Er war jemand, dem wir vertrauen konnten, dass er uns
> durch die schwierigsten Themen des Tages bringt – eine
> Stimme der Sicherheit in einer unsicheren Welt.«
> Barack Obama 2009 über Walter Cronkite.

Wir *heute-journal*-Moderatoren sind natürlich keine lebenden
Legenden wie der im vergangenen Jahr verstorbene US-Nachrichtenanchor Walter Cronkite eine war. Und wir werden das in
diesem multimedialen Leben auch nicht mehr werden – was weiß
Gott niemand bedauern muss. Allerdings: zwischen Ikone und
Bildschirm-Icon liegt ein weites Feld, und bloße Icons möchten
wir dann doch auch nicht sein, sondern »Anker« bleiben und uns
als solche bemühen, »Stimmen der Sicherheit in einer unsicheren
Welt« zu sein.

Warhol'sche 15 Minuten

Reale Menschen also (auch in einem virtuellen Studio!), die eine
reale Welt zeigen, erklären, einordnen. Vertraute Gesichter in einer Welt des Wandels. Moderatoren, die nicht nur präsentieren,
sondern politische Journalisten sind, die vom Korrespondentenplatz vor die Kamera wechselten – das war und ist Selbstverständnis und Tradition unserer Sendung und ihrer Anchor.

Haben wir und unsere Redaktionskollegen damit noch eine
Zukunft? Oder sind wir Relikte einer bald vergangenen Zeit,
weil das Internet klassische journalistische Institutionen obsolet
macht? »In the future everybody will be a journalist«?

Bei der Abwandlung von Andy Warhols berühmter Fernseh
Prognose sollte man allerdings den zweiten Teil des Zitats nicht
vergessen: »… for 15 minutes«. Diese Warhol'schen 15 Minuten
geben mir besonders zu denken, gerade im Nachrichtenjournalismus.

Wie viele der grundsätzlich informationsaffinen und politikinteressierten Bürger werden sich künftig tatsächlich regelmäßig die
Zeit nehmen, auch noch selbst journalistisch tätig zu sein? Also
nicht nur Informationen aufzunehmen und weiterzugeben (»hast
du das schon gehört/gesehen?«), sondern sie auch aktiv zu suchen,
zu gewichten, kritisch zu überprüfen, mit anderen intensiv zu dis-

kutieren und das auch in Themenbereichen, die sie nicht unmittelbar persönlich betreffen.

So gesehen sind hauptberufliche Nachrichtenjournalisten auch »Informationsköche«, die – im besten Fall – mundgerecht aufbereitete Vollwertkost bequem ins Haus liefern. Ich persönlich glaube nicht, dass dieser Service in absehbarer Zeit überflüssig wird.

Er kostet allerdings Geld und: Zeit. Als Nachrichtenjournalistin frage ich mich nicht nur, wer sich diese Zeit nimmt, wenn wir es nicht tun, sondern auch wie wir Journalisten selbst mit unserem knappen Gut Zeit umgehen. Meine Arbeitstage etwa müssten ja eigentlich mit wachsender Erfahrung und Routine (die vierte Bundestagswahl, die gefühlt hundertste Gesundheitsreform) eher »entspannter« geworden sein. Aber fast das Gegenteil ist der Fall. Ich fühle mich heute manchmal sogar gehetzter als vor zehn Jahren.

Zeit für graphische 3-D-Räume

Zum einen verbringe ich dank neuer Kommunikationstechnologien und neuer Medien heute mehr Zeit als früher mit Austausch und Informationsaufnahme, während ich gleichzeitig noch genauso viel Zeit haben will, mir in Ruhe meine eigenen Gedanken zu machen. Auch neue Fernsehtechnologien sind zwar eine große Bereicherung, können aber zusätzliche Zeit »fressen«.

Ohne neue Formen der Visualisierung würden wir im Fernsehen heute noch in kleinen grauen Räumen sitzen und Pappen hochhalten. Doch die Zeit, die ich neuerdings etwa für graphische 3-D-Räume aufbringe, fällt nicht zusätzlich vom Himmel.

Zugleich ist in den Fernsehredaktionen die Flut der einströmenden Bilder gestiegen. Die Schlagzahl hat sich erhöht, in der wir unsere Berichte aktualisieren und Ereignisse einordnen, noch während sie geschehen. Was häufiger als früher bedeuten kann, dass man als Moderator oder Reporter in Bruchteilen von Sekunden seine Worte wählt, die im selben Moment schon von Millionen Menschen gehört werden.

Taskforce rund um die Uhr

Wer in solchen Momenten eine »Stimme der Sicherheit« sein will, kann das nicht aus dem hohlen Bauch heraus leisten. Gerade in solchen Situationen muss Journalismus mehr sein als das Raushauen von Bildern und Hörensagen und spontaner Meinung.

Zumal die Vielzahl neuer Bild- und Informationsquellen unter Zeitdruck überprüft sein will. Wie hätten wir in unserer Sendung über die Proteste im Iran berichten können, ohne die privaten Videos, die Oppositionelle heimlich gedreht und ins Internet gestellt haben? Nur: Welcher »Bürgerjournalist« hätte aus diesen Videos auswählen mögen, was authentisch ist und was nicht?

Bei uns hat sich eine ganze Taskforce rund um die Uhr damit beschäftigt, zu der auch kompetente iranischstämmige Kollegen gehörten, die über vertrauenswürdige Quellen verfügen. Aber selbst dann können Fehler passieren, man denke nur an den Fall Neda, über den das Süddeutsche Zeitung Magazin vor einiger Zeit berichtet hat. Da hat die ganze Medienbranche immer wieder ein falsches Foto gezeigt (das auch aus dem Internet kam).

Zum Nachrichtenjournalismus, wie ich ihn verstehe, gehört unbedingt auch der Diskurs in einem korrigierenden Kollektiv. Ja, sie sind manchmal lästig, diese drei bis vier Konferenzen am Tag. Es kann anstrengend sein, sich Kritik anzuhören, und es ist durchaus mühselig, ständig nach Argumenten zu suchen, um andere von der eigenen Sichtweise zu überzeugen.

Doch gerade diese Diskussionen sind in einer Nachrichtenredaktion extrem wichtig. Und die möchte ich auch weiterhin vis-à-vis führen, mit den ausgebildeten Journalisten-Kollegen, die mir am Mainzer Redaktionstisch direkt gegenübersitzen, darunter Volkswirte, Naturwissenschaftler oder Orientalisten sowie Redaktionskollegen, die zuvor als Korrespondenten in Berlin, Moskau oder Afrika gearbeitet haben.

Das Internet bietet zwar revolutionäre und aufregende neue Plattformen für Recherche, Austausch und Diskussion. Und es sind auch unsere Zuschauer, die sich dort zu Wort melden, Kritik üben oder content liefern. Doch sehe ich diesen user-generated content bisher als nur wichtige Ergänzung aber nicht als Ersatz für ein eigenes weltweites Korrespondentennetz.

Auch dass man dank Internet keinen großen Apparat mehr

braucht, sondern als Ich-AG publizistisch tätig sein kann, ist eine Riesenbereicherung und hat in der Blogosphäre ganz neue journalistische Formate ermöglicht, die ich nicht missen möchte. Trotz aller Vernetzung kann damit aber gegebenenfalls eine Vereinzelung einhergehen, die auch Nachteile hat. Für den Nachrichtenbereich jedenfalls halte ich die journalistische Ich-Form für zu fehleranfällig.

Der revolutionäre Reiz des Internets liegt für mich besonders in der Interaktivität. Ich weiß aber nicht, ob daraus auch der Rückschluss zu ziehen ist, dass der Mensch ständig interaktiv sein möchte und passive Mediennutzung, wie eine Fernsehsendung sie bietet, deshalb künftig nicht mehr gefragt ist. Ich selbst bin sehr gern interaktiv, gerade wenn ich auf der Suche nach bestimmten Themen bin.

Live-Erlebnis im großen Kollektiv

Doch ich konsumiere Medien nach wie vor genauso gerne auch passiv (und tausche mich dann erst später wieder mit anderen darüber aus, wie ich es fand). Mit Fernsehsendungen erreichen wir im Vergleich zu allen anderen alten oder neuen Medien immer noch die meisten Menschen zur selben Zeit. Ich glaube, dieses Live-Erlebnis im großen Kollektiv ist nach wie vor eine Stärke des Fernsehens.

Allerdings müssen wir um unsere Zuschauer heute viel mehr kämpfen als früher. Zuschauer ertragen Informationssendungen nicht mehr duldsam, wenn sie sich nicht unmittelbar angesprochen fühlen. Und Masse erreicht man nicht nur durch ein kleines treues Stammpublikum, das gezielt einschaltet, sondern braucht auch die freifloatenden »Hängenbleiber«, um ein breites Publikum zu erreichen. Wer Politik vermitteln will, darf dann nicht über die Köpfe hinweg dozieren, um seine eigene Peergroup zu beeindrucken. Und: wer Zuschauer binden will, muss sie persönlich ansprechen. Auch durch die Moderatoren.

Unsere Zuschauerforschung bestätigt uns das immer wieder aufs Neue. Auf die Frage, warum sie das heute-journal einschalten, werden als Motive unter anderen angeführt: »Die erklären so, dass ich es verstehe«, »Die werfen so Köder aus, dass ich mich dann doch dafür interessiere, obwohl es mich eigentlich nicht interessiert«, »Da gibt's auch mal was zu lachen«, »Ich hab das Gefühl die schon seit langem zu kennen«, »Ich glaube denen, dass sie wissen, wovon sie reden«.

Letzteres ist für jedes Informationsmedium das Wichtigste überhaupt: eine glaubwürdige Quelle zu sein. Insofern hoffe ich, dass journalistische Traditionsmarken auch künftig gesucht werden – auch wenn sich die Vermittlungs- und Produktionswege verändern mögen und neue spannende Marken hinzukommen.

Bündeln, einordnen, erklären

Meine Aufgabe als Nachrichtenjournalistin sehe ich dabei als die eines politisch und ökonomisch unabhängigen Navigators, der stellvertretend fürs Publikum sortiert, bündelt, einordnet, erklärt und Fragen stellt. Das ist die Arbeit, die wir machen, während andere Berufsgruppen anderen Arbeiten nachgehen – auch wenn sie sich an unserer Arbeit heute via Netz viel mehr beteiligen können und sollten als früher.

Wenn sich unsere Zuschauer dann abends, erschöpft vom Tag, mit einem Bein vielleicht schon im Bett, die Zeit nehmen, unsere Arbeit noch anzusehen, dann müssen wir ihnen ein Produkt bieten, das sie selbst so nicht hätten herstellen können. In diesem Sinne ist es auch Aufgabe des politischen Nachrichtenjournalismus, für »alle Bürger«, also für eine extrem große, heterogene und damit eher schlecht organisierte Gruppe, ein starker Stellvertreter zu sein gegenüber den Mächtigen, gegenüber Politikern, Konzernen, Lobbyisten.

Manch einem wäre es wohl nur zu recht uns loszuwerden. Diese lästigen Leitartikler in den führenden Blättern. Diese lästigen investigativen Recherchen in Magazinen mit hoher Auflage. Diese lästigen Netzjournalisten mit ihrem ganz eigenen Gespür für Geschichten. Diese lästigen Fragen vor Millionen Fernsehzuschauern. Wozu Journalismus? Um den einen nützlich und den anderen lästig zu sein – ob mit neuen oder alten Medien.

Die Zukunft des Journalismus? Journalismus!

Die Welt von Presse, Fernsehen und Internet gehört den Medien-Nomaden. Doch nur wer Exklusives bietet, erreicht diese. Und das gelingt nur Redaktionen.

Von Axel Ganz

© privat

Axel Ganz, Aufsichtsratsmitglied von Gruner+Jahr, hat als Verleger zahlreiche Titel bei Gruner+Jahr verantwortet. In Frankreich und weiteren Ländern gründete er über 60 Zeitschriften.

Journalismus lebt vom Journalismus! Zuweilen hat man den Eindruck, dass Verleger, aber auch Journalisten dies vergessen. Die
Verleger, weil sie am falschen Ort sparen. Die Journalisten, weil
sie, so scheint es, in Anbetracht der Veränderungen, die sich in
den Medien vollziehen, mutlos geworden sind, pessimistisch über
die eigene Zukunft.

Die Medienbranche ist in ihrer ganzen Breite einem brutalen
strukturellen Wandel unterworfen. Und es wäre völlig unrealis-
tisch, anzunehmen, dass es nach der gegenwärtigen wirtschaftlichen Krise wieder wie zuvor sein würde.

Abschied nehmen

Nein, es gilt definitiv Abschied zu nehmen von den klassischen
Regeln und Verhaltensmustern der Branche: Der Leser alter Prä-
gung ist tot, ebenso der traditionelle Fernsehzuschauer! Geboren
ist der Medien-Nomade! Er konsumiert transversal, nur seinen
Neigungen entsprechend folgt er dem Angebot, das ihm Zeitungen, Zeitschriften Radio, I-phone und vor allem das Internet
liefern. Keine Chance, ihn zu etwas zu überreden, was ihn nicht
interessiert.

Seine Konsumlust wird nur durch das Zeitbudget begrenzt.
Während sich das Medienangebot ständig erweitert, bleibt die
Konsumzeit begrenzt auf 24 Stunden pro Tag minus Schlaf minus
Arbeit. Der neue Medienkonsument wendet sich nur dem zu, was
ihn wirklich informiert oder unterhält, möglichst exklusiv. Ein
Medien-Nomade, der alles kennt, alles probiert, aber letzlich nur
das konsumiert, was ihm gefällt. Nicht das Medium an sich ist entscheidend, auf den Inhalt kommt es an! Und das ist die Chance des
Journalismus. Mit exklusiven Inhalten wird der Konsument heute
allerdings nicht gerade verwöhnt. Die Globalisierung der Information, insbesondere der digitalen, hat nicht nur ihre Explosion,
sondern auch ihre Banalisierung zur Folge: Jeder kommuniziert
mit jedem, Maschinen aggregieren filterlos Nachrichten. In der
Informationsgesellschaft 2.0 ist die Nachricht dabei, ihre Glaubwürdigkeit zu verlieren. Lesen Sie auf der nächsten Seite, warum
die traditionellen Medien die Alarmglocke läuten sollten.

Ich glaube, es ist an der Zeit, die Alarmglocke zu läuten! Und diese Rolle fällt meines Erachtens in erster Linie den traditionellen Medien zu. Zeitungen, Radio, aber auch das Fernsehen müssen sich der Banalisierung der Information entziehen, ansonsten begeben sie sich auf die Verliererstrasse. Auflagen, Reichweiten und Einschaltquoten stagnieren oder sinken weltweit bereits seit Langem. Warum auch sollte ein Konsument mehrere Titel lesen oder mehr fernsehen, wenn überall, ohne journalistischen Mehrwert, das Gleiche geboten wird? Dafür ist die kostbare, weil beschränkte Zeit zu schade. Die Anarchie der Informationsverbreitung birgt ferner das Risiko, zunehmend Skepsis über die Verlässlichkeit der Medien und ihrer Werte zu erzeugen.

Für die Medien wird es zu einer Frage des Überlebens werden, der Information als Grundstoff des Journalismus eine neue Qualität zu geben. Nur sie wird die nachhaltige Existenz vieler Medien, vielleicht ganzer Gattungen gewährleisten können. »Qualität« bedeutet hier aber nicht elitäres Zielgruppendenken oder gar editoriale Arroganz. In einer modernen demokratischen Gesellschaft muss sich Qualität auch in der Breite messen lassen, sofern der Journalismus seinen gesellschaftlichen Auftrag erfüllen will.

Journalismus muss wirtschaftlich sein

Qualität kann auf jedem Niveau stattfinden, sie wird künftig die Voraussetzung für Auflagenerfolge sein und auch dafür, dass der Konsument bereit ist, für Print-Inhalte mehr zu bezahlen, überlebenswichtig für Zeitungen und Zeitschriften bei reduzierten Anzeigenerlösen. Qualität als Beurteilungsinstrument unserer Wirklichkeit kann und wird nicht »for free« sein. Auch im Web wird sich Qualität auf Dauer ganz natürlich als Bezahlinhalt durchsetzen. Auch auf der Anbieterseite. Den besten und attraktivsten Inhalten wird die Nachfrage gelten: Gute und vor allem exklusive Inhalte haben Marktmacht!

Journalismus muss auch wirtschaftlich sein, die Voraussetzung für Unabhängigkeit! Medienunternehmer, vor allem Zeitschriftenverleger, sollten deshalb mit den durch Auflagen- und Anzeigenrückgänge schmaler gewordenen Investitionsressourcen besser umgehen. Anstatt die mittels Kostenmanagement oft den Redaktionen abgerungenen Mittel in neue, sich mehr und mehr gleichende Me-too-Produkte zu stecken, die den Markt weiter verstopfen und die Rentabilität bestehender »Brot«-Objekte schwächen, sollten eher die Redaktionen und Inhalte der bestehenden Titel für den Überlebenskampf im digitalen Schlachtfeld fit gemacht werden. Dieser Kampf hat erst begonnen. Nur die Besten werden überleben!

Aber auch Journalisten müssen sich die Frage gefallen lassen: Sind sie aufgeschlossen genug, den revolutionären Entwicklungen ihres beruflichen Umfeldes zu begegnen, die Herausforderungen der crossmedialen Verbindungen in der redaktionellen Produktion mit Enthusiasmus anzunehmen? Noch gibt es vielerorts Widerstand, Skepsis oder Ängste. Zu wenig noch wird das neue Berufsbild als Chance definiert und akzeptiert.

Mehr Vertrauen in die Zukunft

Entscheidend wird neben den wirtschaftlich-technischen Aspekten für die Zukunft des Journalismus aber sein, wie Journalisten, Verleger und Medienverantwortliche ihre Rolle in den Medien, der Gesellschaft und gegenüber dem Konsumenten definieren. Die Lieferung von gefälligen, aber oberflächlichen Inhalten wird nicht genügen. Orientierung ist vonnöten, Meinung gefragt! Basierend auf guter Recherche und Glaubwürdigkeit. Fesselnde Reportagen, die die Welt zeigen, wie sie ist: problematisch, aber lebenswert. Der moderne Medienkonsument will kompetent und glaubwürdig informiert, aber auch intelligent unterhalten werden. Und: Das Leben ist nicht nur schrecklich! Für manchen Journalisten ist es an der Zeit, umzudenken.

Auch gilt es, darüber nachzudenken, wie Zeitungen und Zeitschriften morgen aussehen werden. Vermutlich werden irgenwann gerollte oder faltbare digitale Lesegeräte das Papier zu verdrängen versuchen. Noch ist es nicht soweit! Für Print-Journalisten bleibt es spannend: »Nur« mit Text und Fotos bedruckte Seiten, ohne Ton und bewegte Bilder, müssen gegen mobile touch screens antreten … eine hohe Herausforderung an Kreativität und Content. Aber diese Herausforderung wird bestehen bleiben, was immer auch künftig an Technologie aufgeboten werden wird.

Nicht die Technik ist ausschlaggebend, sondern der Zweck,

dem sie dient: Der Konsument, der letztlich über ihre Nutzung entscheidet, will Interessantes lesen, amüsant unterhalten und zuverlässig informiert werden. Nur exzellente journalistische Arbeit ist in der Lage, dies zu gewährleisten. Gute Journalisten – aber auch manche Verleger – sollten deshalb mehr Vertrauen in die Zukunft haben, aber auch in ihre Fähigkeit und in ihren Willen, diese entschlossen anzugehen.

Und sie sollten vor allem mit der Überzeugung leben: Die Zukunft des Journalismus liegt im Journalismus!

Selbstbeauftragte Publizisten

Soziale Medien können und müssen eine Ergänzung und Bereicherung für den Journalismus sein – aber kein Ersatz.

Von Sascha Lobo

© Reto Klar

Sascha Lobo, Jahrgang 1975, ist Autor und Strategieberater mit den Schwerpunkten Internet und Markenkommunikation.

Wenn man Menschen auf der Straße, die wirken, als könnten sie eine Frage in ganzen Sätzen beantworten, fragt, was für sie Journalismus bedeutet, hört man nach einem irritierten Blick auffallend oft das Wort »Wahrheit«. Unabhängig von anekdotischen und wissenschaftlichen Definitionen – diejenigen, für die Journalismus überhaupt betrieben wird, sehen im professionellen Journalismus eine Instanz der Wahrheit.

Das kann man gerade angesichts der Fehler, der Propaganda, der oft wirtschaftlich bedingten Nachlässigkeiten bei der gewerblichen Produktion von Nachrichten durchaus für problematisch halten. Man kann sich aber weder als einzelner Journalist noch als Medienunternehmen von der daraus resultierenden Verantwortung lossprechen. Medien produzieren das, was Menschen als Realität empfinden und sind damit essentiell für die Gesellschaft.

Paid-Content-Plattformen aufbauen

Das alles sind keine Neuigkeiten, neu ist aber das Internet und sein Einfluss auf die journalistischen Strukturen, die Realität herstellen. Dieser Einfluss lässt sich grob in zwei Bereiche gliedern: die inhaltliche Wirkung auf journalistische Arbeitsprozesse und die wirtschaftlichen Auswirkungen auf die dahinterliegenden Infrastrukturen, in der Regel Unternehmen. Die unternehmerischen Veränderungen sind enorm. Auch als großer Fan des Internets muss man anerkennen, dass die Medienindustrie als Basis für professionellen Journalismus ein dramatisches Problem hat. Die über viele Jahre hochprofitablen Strukturen brechen weg. Das liegt nicht nur am Niedergang des bedruckten Papiers als Medium, sondern auch an der Verschiebung der Werbeausgaben. Lesen Sie auf der nächsten Seite, wo unternehmerische Chancen liegen.

Für einen funktionierenden Journalismus von morgen fehlen die Ansätze zur Refinanzierung. Jeder erfolglose Zeitschriftenlaunch in den vergangenen zehn Jahren hätte fünf unternehmenseigene Start-ups ermöglichen können, die mit entsprechenden Geschäftsmodellen experimentieren. Das wäre keine Erfolgsgarantie gewesen, aber wenigstens der ernsthafte Versuch, das Problem zu lösen. Dafür hätte man aber die Chancen für eigenständigen Journalismus im Internet höher schätzen und das Netz nicht als

Anhängsel der gedruckten Zeitung oder Zeitschrift betrachten müssen.

Wie an dieser Stelle die verlegerische Realität aussieht, erkennt man an der Tatsache, dass von den drei bei Gruner+Jahr Ende 2009 gestarteten Zeitschriften allen Ernstes nur eine mit einer eigenen Webseite aufwarten konnte, die zudem eher ein Online-Inhaltsverzeichnis als einer Zeitschrift würdig war. Nach der Erfindung der Taschenlampe wirft der Fackelhändler ein neues Fackelmodell nach dem anderen auf den Markt, um gegen diese seltsamen, elektrischen Handfackeln zu bestehen.

Wo aber liegen die unternehmerischen Chancen? Neben dem neuen Modell von Apple müssen andere Paid-Content-Plattformen aufgebaut werden, vor allem solche von allerhöchster Einfachheit. Kompliziertheit ist der Feind aller neuen Prozesse. Verbunden mit der Hürde, jemanden von einem neuen Produkt und damit vom Geldausgeben zu überzeugen, hatte bisher kein Ansatz eine Chance am Markt. Dass für Inhalte generell bezahlt wird, ist zwar auch eine Annahme, aber eine, die sich in mehreren anderen Bereichen als tragbar erwiesen hat. Apples iTunes-Store eilt von Verkaufsrekord zu Verkaufsrekord, in diesen Tagen wird der zehnmilliardste Download seit Bestehen erwartet, der größte Teil davon bezahlt. Und es handelt sich nicht nur um Musik, sondern um alle möglichen anderen Inhalte.

Neben klassischem Paid Content könnten auch andere Formen der Refinanzierung erprobt werden, zum Beispiel Prepaid Content, wie er etwa von der englischsprachigen Plattform Spot. us angeboten wird. Journalisten stellen dort Ideen für Geschichten ein, die Community kann sie per Klick mit einem Betrag unterstützen, bis das benötigte Budget zusammengekommen ist. Solche Ansätze sind mit Sicherheit kein Allheilmittel, ebenso wenig wie das iPad, aber in der Summe könnte sich eine Mischung ergeben, die den Journalismus von morgen finanziert und damit überhaupt erst ermöglicht.

Entstehung eines millionenfachen Rückkanals

Aber wie sieht eigentlich der Journalismus von morgen inhaltlich aus? Die Antwort auf diese Frage entspricht der eingangs erwähn-

ten Wirkung des Internets auf die journalistischen Arbeitsprozesse. Die wichtigste Veränderung im medialen Schaffen ist die
Entstehung des millionenfachen Rückkanals. Eigentlich ist Rückkanal sogar ein ungenaues Wort, weil damit nicht die Kommentare
unter einem Onlineartikel gemeint sind. Sondern die Vielzahl der
Möglichkeiten, mit einem journalistischen Inhalt im Internet zu
interagieren, ihn zum Beispiel weiterzuleiten, zu bewerten, daraus
zu zitieren, darauf in eigenen Kanälen zu referenzieren – all das,
was im Netz jeden Tag passiert.

Basis für diesen Rückkanal ist die Empfehlung. Es zeigt sich,
dass nicht das Internet generell den Journalismus verändert,
sondern vor allem der Teil, den wir »Social Media« nennen. Also
diejenigen Medien, wo keine Redaktion über Schaffung und Verbreitung der Inhalte wacht, sondern wo das Kollektiv diese Funktionen übernimmt. Blogs nehmen hier übrigens eine Zwitterstel-
lung ein, weil hier das Kollektiv mit Hilfe der Referenzierung in
anderen Blogs nur über die Verbreitung entscheidet.

Die anfängliche Ablehnung von Social Media durch viele Redaktionen war dem diffusen Gegenüber geschuldet, bestehend aus
Millionen unbekannter, selbstbeauftragter Publizisten. Inzwischen
hat diese Ablehnung spürbar nachgelassen. Das kann aber nur der
erste notwendige Schritt sein, der zum Journalismus von morgen
führt. Und natürlich ist es keine Lösung, wenn von heute auf morgen alle Journalisten anfangen zu twittern (was sie trotzdem tun
sollten, weil man nirgendwo besser die unmittelbare Wirkung von
Worten erfahren kann).

Kein Platz für Experimente in Krisenzeiten

Was noch viel zu kurz kommt, ist nicht die bloße Verwendung
von Social-Media-Plattformen um deren Existenz willen, sondern
deren Eingang in journalistische Arbeitsprozesse und Ergebnisse.
Welche Inhalte, Vorgehensweisen und Darstellungsformen sind
durch das Netz überhaupt erst möglich? Dieser Frage wird wenig
nachgegangen, vermutlich auch, weil für publizistische Experi-
mente in Krisenzeiten wenig Platz ist.

Die technischen Möglichkeiten des Internets werden ärgerlich
wenig ausgeschöpft. Ab und zu sieht man bei der Onlineausgabe

der *New York Times* oder auf dem Blog *informationisbeautiful.net* aufblitzen, was möglich wäre. Interaktive Visualisierungen, Grafiken, die einen zeitlichen Verlauf darstellen können, navigierbare Tabellen oder Übersichten – wenn man die Erklärung von Zusammenhängen als einen wichtigen Teil des Journalismus ansieht, wird hier eine riesige Chance vertan.

Einbeziehung des Publikums

Aber nicht nur in der Darstellung, sondern auch in der Produktion etwa eines Artikels sollte das Netz seinen Platz finden. Ein simples Beispiel ist die Angabe (oder Verlinkung) von Quellen, die über Agenturkürzel hinaus bei traditionellen Medien kaum stattfindet. Auch die Einbeziehung des Publikums in die Ausgestaltung eines Beitrages ist äußerst selten.

Der Rückkanal aber hat unter anderem dazu geführt, dass bei jedem Thema grundsätzlich irgendwo jemand zu finden ist, der im Detail besser Bescheid weiß. Oder zumindest Bescheid wissen könnte, wenn man ihn erreichen würde. Dieses Potential zur Verbesserung der journalistischen Qualität einzusetzen, erfordert aber nicht nur das technische Vorhandensein der Möglichkeit, sondern auch die entsprechende Haltung. Es ist leider nicht die Regel, dass Onlineartikel verbessert werden, wenn ein Kommentator auf Fehler hinweist.

Im Netz ist ein Artikel nicht endgültig vollendet, sondern hat sich vom unveränderlichen Produkt zur Momentaufnahme eines laufenden Prozesses verwandelt. Eigentlich sollte daraus folgen, dass Onlinebeiträge eine Nachsorge erfahren, Verbesserungen, Ergänzungen, neue Entwicklungen, Kommentare – all das könnte in technisch geeigneter Weise den Textjournalismus im Netz verbessern.

Auch die journalistische Vorarbeit und Recherche geschieht meistens abseits der Öffentlichkeit – einfache und plakative Mechanismen, mit denen das Publikum aktiviert werden könnte, finden sich kaum. Dabei gibt es viele Beweise, dass publizistischer Mehrwert durch die Einbindung der Leserschaft entstehen kann. Das *bildblog* etwa, das die Fehler und Lügen der *Bild-Zeitung* und anderer Medien aufdeckt, bekommt einen Großteil der Anlässe für ihre Artikel per Mail zugespielt. Das Blog *Netzpolitik.org* erfüllt eine wichtige netzpublizistische Aufgabe dadurch, dass es sich zur Anlaufstelle für anonyme Informanten im Bereich Datensicherheit entwickelt hat.

Einbindung wertvoller Plattformen

Solche Formen des investigativen Journalismus sind notwendig und bedingen eine Ansprechbarkeit durch das Publikum – auf den meisten Medienangeboten im Netz findet sich heute nicht einmal die Mailadresse der Redakteure. Auch die Einbindung von so wertvollen Plattformen wie *wikileaks.org* – einer Seite, auf der anonym Informationen veröffentlicht werden können, die eigentlich geheim bleiben sollten – ist noch zu wenig verbreitet. Lobend erwähnen kann man an dieser Stelle:

Die *Zeit*, die sowohl mit *wikileaks.org* wie auch mit den Experten von *informationisbeautiful.net* bereits zusammengearbeitet hat. Das Lob für die zarten Pflänzchen eines zeitgemäßen Journalismus soll hier nicht aufhören: Die *Neon* hat zwar einen hoffnungslos veralteten Netzauftritt, aber gute Konzepte des inhaltlichen Zusammenspiels von Webseite und Zeitschrift. Die *Welt kompakt* unternimmt erkennbar viele unterschiedliche und teilweise sehr gute Versuche, mit dem Netz und im Netz zu arbeiten – leider kommt dabei nur eine Papierzeitung heraus, aber das wird sich sicher irgendwann ändern.

Spiegel Online hat mit dem Twitteraccount @Spiegel_LIVE mehrfach hervorragende Ansätze für eine Twitterberichterstattung unternommen und verlinkt sogar Quellen – allerdings bisher nur im Ressort Netzwelt. Und der Chefredakteur der *Rhein-Zeitung*, Christian Lindner, nutzt Twitter vorbildlich zur Themenfindung, zur direkten Abfrage der Publikumsmeinung und zur Interaktion mit den Lesern, ähnlich wie das Team der *Hannoverschen Allgemeinen Zeitung* um Marcus Schwarze.

Es gibt also durchaus Beispiele im deutschsprachigen Raum für positive Einflüsse von Social Media auf den Entstehungsprozess und die Vermittlung des Journalismus. Leider handelt es sich noch um Ausnahmefälle in der hiesigen Medienlandschaft. Damit sich das ändert, hilft es nicht, wenn in den Verlagen – die über lange Zeit Garanten für einen funktionierenden Journalismus waren – abwechselnd über Google, die Öffentlich-Rechtlichen und die Medienkrise gejammert wird.

Erst recht nicht, wenn die dafür aufgewendete Zeit, das Geld und die Energie viel besser eingesetzt werden könnten, um Journalisten neue Methoden, Technologien und Denkansätze näher zu bringen. Eine neue Haltung gerade gegenüber Social Media ist erforderlich, die jüngst der neue BBC-Nachrichtenchef Peter Horrocks für seine Mitarbeiter so formulierte: »Das ist nicht irgendeine Marotte von einem Technikbegeisterten. Ich fürchte, man kann seinen Job nicht erfüllen, wenn man mit diesen Dingen nicht umgehen kann.«

Wenn, wie eingangs erwähnt, die Gesellschaft die Wahrheitsfindung abseits der Nachrichtensimulation tatsächlich als Aufgabe für den Journalismus ansieht, ist die Verantwortung für eine funktionierende, professionelle Medienlandschaft umso größer und muss deshalb noch bedingungsloser angegangen werden. Sollte es tatsächlich Journalisten geben, die glauben, sie könnten bis zur Rente schon irgendwie ohne Internet und Social Media zurechtkommen, erfüllen sie diese Aufgabe nicht.

Ebenso wenig wie diejenigen Medienverwalter, die Qualität herbeisparen wollen und sich auf einem sinkenden Schiff gegenseitig versichern, dass es sich immerhin noch bewege und die Kommandobrücke ja noch immer trocken sei. Der Anfang des 21. Jahrhunderts ist vermutlich der ungünstigste Zeitpunkt der Geschichte, um als unflexibler Journalist durch die Welt zu spazieren.

Zwischenfazit

Ein Fazit in der Sache »Zukunft des Journalismus« kann derzeit nur ein Zwischenfazit sein – und bei aller Sorgfalt auch eines, das zum Großteil auf Prognosen, Vermutungen, und eigenen Erfahrungswerten aufgebaut ist. Insofern beinhaltet das Fazit hier weniger konkrete Vorschläge als vielmehr eine persönliche Einschätzung, verbunden mit einer Aufforderung: Die Gesellschaft braucht professionellen Journalismus dringender als je zuvor, weil die Flut der Informationen den Bedarf an Einordnung, Sortierung und Bewertung der Fakten und ihrer Zusammenhänge exponentiell erhöht.

Soziale Medien können und müssen eine Ergänzung und Bereicherung für den Journalismus sein – aber kein Ersatz. Die Lösung kann nicht darin liegen, anderen Mitspielern des Medienmarktes möglichst große Barrieren in den Weg zu legen. Sondern nur darin, neue Gebiete des Journalismus zu erschließen und Modelle zu finden, diesen Prozess zu refinanzieren. Dass sich das leichter schreibt, als es sich umsetzen lässt, ist jedem klar. Es aber deshalb nicht zu versuchen und darauf zu hoffen, dass alles vom Werbemarkt bis zu den Zeitungsabonnements wieder so wird wie früher, wäre für den zukünftigen Journalismus gleichbedeutend mit der Schockstarre des Rehs im Scheinwerferlicht.

Mut und Harakiri

Journalisten arbeiten zu viel und meistens nicht gut genug.
Das Internet macht alles nur noch schlimmer. Und damit steht es
schlecht um deutsche Regionalzeitungen.

Von Harald Martenstein

© Susanne Schleyer

Harald Martenstein, 1953 geboren in Mainz, ist Kolumnist der *Zeit*
und Autor des Berliner *Tagesspiegel.* Er wurde mit dem Kisch-
Preis und dem Henri-Nannen-Preis ausgezeichnet.

Als ich anfing, mit 19, schrieb ich für eine kleine Lokalzeitung in einer mittelgroßen Stadt. Ich war Lokalreporter und bekam 20 Pfennig pro Zeile, was auch für damalige Verhältnisse wenig war, und rockte am Tag manchmal sechs oder sieben Termine herunter. Zum Nachdenken hatte ich, ehrlich gesagt, keine Zeit. Am Monatsende hatte ich 800 oder auch mal 1200 Mark verdient.

Ich konnte es mir nicht leisten, groß zu recherchieren, ich ging zu Terminen, ließ mir von den Veranstaltern etwas erzählen und gab das dann wieder. Wichtig war eigentlich nur, dass die Namen richtig geschrieben waren und dass kein Anzeigenkunde oder gar Freund des Chefredakteurs sich beschwerte.

Es ist nicht um jede Zeitung schade

Später schrieb ich für eine große Regionalzeitung. Das war schon besser. Manchmal konnte ich mir den Luxus leisten, an einem Tag nur einen einzigen Text zu schreiben. Ich durfte – manchmal – so lange an einem Artikel herumtüfteln, bis er mir gefiel. Parallel dazu redigierte ich eine Seite, und zwar täglich. Wenn ich Urlaub machte, musste ich meine Seite vorher gut vorbereiten, damit ein Kollege aus einem anderen Ressort, der von meiner Seite nur eine schwache Ahnung hatte, halbwegs zurechtkam. Als ich, relativ spät im Leben, für Blätter wie *Geo* oder die *Zeit* zu arbeiten begann, lernte ich eine völlig andere Art von Journalismus kennen. *Geo* schickte mich wochenlang auf Reisen, ich wohnte in Mittelklassehotels, nicht mehr im billigsten Haus am Platz, und wenn ich das Gefühl hatte, dass ich zwei oder drei zusätzliche Tage für meine Recherche brauchte, dann war das kein Problem. Lesen Sie auf der nächsten Seite, welche Rolle Werbekunden und Verleger im Journalismus spielen.

Die Kollegen saßen manchmal wochenlang an einem einzigen Artikel – okay, einige von ihnen waren einfach nur lahme Enten, aber bei den meisten spürte man, was gute Arbeitsbedingungen ausmachen, auch bei dem Produkt »Text«.

Ich erzähle das, um klarzumachen, dass »Journalismus« ein ebenso schwammiger Begriff ist wie »Literatur«. Literatur kann klischeehaft und billig sein, Literatur kann so sein, dass sie einigen Lesern nie wieder aus dem Kopf geht. Beim Journalismus ist es ähnlich. Wenn jetzt über die Zukunft des Printjournalismus diskutiert wird, der vom Internet bedroht wird, weil ganze Anzeigenmärkte für immer verschwinden und weil im Netz fast alles kostenlos zu haben ist, dann denke ich, dass es nicht um jede Zeitung schade ist.

Ich sage das mit einem schlechten Gefühl im Bauch, weil ich einige Kollegen vor mir sehe, die ich damals kannte, die ihren Beruf liebten, die aus den miesen Bedingungen Tag für Tag das Beste herausholten, die unter besseren Bedingungen sehr gut gewesen wären und von denen einige ziemlich jung an ihrem Knochenjob gestorben sind, wie Bergleute oder Chemiearbeiter. Verrate ich sie?

Zwei potentielle Zensurinstanzen

Es gibt das Phänomen der deutschen Regionalzeitung, die in ihrem Verbreitungsgebiet ein Monopol hatte und jahrzehntelang gut verdiente, dabei Honorare zahlte, die gerade mal zum Überleben reichten, und die jedem Konflikt mit den Mächtigen aus dem Weg ging (ich sage nicht, dass alle Regionalzeitungen so sind).

Überall im deutschen Journalismus, wahrscheinlich auch im Fernsehen, gibt es zwei potentielle Zensurinstanzen. Die erste Instanz sind die Werbekunden, ohne die es keine Zeitungen geben kann, und mit denen man sich, verständlicherweise, nicht gerne anlegt. Die zweite Instanz sind die Chefredakteure und Verleger, die alle Freunde haben, in dem einen oder anderen Honoratiorenkreis verkehren und, verständlicherweise, ihre Ruhe haben möchten (die einen mehr, die anderen weniger).

Zeitungen haben eine gesellschaftliche Funktion, sie müssen eine Plattform auch für unangenehme Meinungen und für unangenehme Nachrichten sein, gleichzeitig sind sie gewinnorientierte Unternehmen. Das ist der unauflösbare, unvermeidliche Widerspruch, in dem sie sich bewegen und täglich Kompromisse suchen. »Unvermeidlich« ist dieser Widerspruch, weil eine private Presse, trotz allem, immer freier sein wird als eine staatlich gelenkte.

Deswegen hat guter Journalismus etwas mit Mut zu tun, manchmal sogar mit Harakiri. Wer frei seine Meinung sagt oder wer eine brisante Story recherchiert, tritt immer jemandem auf die Füße oder macht sich irgendwo unbeliebt. Das Internet sorgt nun dafür, dass Meinungen und Meldungen schwerer unterdrückt werden können als früher, es gibt kein Monopol auf öffentliche Äußerung mehr.

In einigen Gegenden machen inzwischen lokale Webseiten den lokalen Monopolzeitungen das Leben schwer, das ist, was die Informationsfreiheit und den Pluralismus der Meinungen betrifft, sehr gut. Die Webjournalisten sind zum Teil sogar ihre eigenen Herren, sie brauchen dann weniger Mut, haben dafür allerdings auch noch weniger Geld.

Die meisten Verleger reagieren auf sinkende Einnahmen, indem sie versuchen, die Kosten zu senken. Ich polemisiere gar nicht dagegen, ich beschreibe nur. Ich behaupte auch nicht, dass ich eine Alternative wüsste. Ich verstehe nicht viel von Ökonomie. Man kann Redaktionen ausdünnen, man kann Honoraretats senken, man kann Ressorts verschiedener Zeitungen zusammenlegen, man kann die Zeitungen dünner machen, und all dies wird getan.

Starker Konkurrenzdruck

Im Ergebnis werden die Zeitungen natürlich schlechter, nicht sofort, nicht durch jede Einzelmaßnahme, aber nach und nach eben doch. Besonders deutlich spürt man dies als Leser derjenigen Zeitungen, die schon vor der großen Internetkrise nicht besonders gut waren. Ich verstehe, wie gesagt, nicht viel von Ökonomie, aber ein Produkt, das unter starkem Konkurrenzdruck steht und dabei auch noch an Qualität verliert, befindet sich auf dem Markt wohl in einer fast ausweglosen Lage, in einer Abwärtsspirale.

Ich glaube zu wissen, wie die Zukunft der Printmedien aussieht. Vieles wird verschwinden. Überleben werden diejenigen, die auch in anderen Branchen überlebt haben, in denen es Modernisierungskrisen und Konzentrationsprozesse gab – die ganz Billigen und die ganz Luxuriösen. Der mittelprächtige Tante-Emma-Laden macht zu, Aldi und Lidl und die edle Feinkost-Etage im KaDeWe bleiben. Das anspruchslose Nachrichtenblatt für ein paar Cent bleibt, aber auch ein paar sehr gute überregionale Zeitungen und Magazine.

Für das, was dazwischen liegt, wird es schwierig. Aufwendige

Reportagen, komplizierte Recherchen, exklusive Texte unverwechselbarer Autoren, all das kostet viel Geld und ist deshalb im Internet eher selten zu finden, es gibt aber einen Markt dafür. Dass es Geo und der Zeit offenbar relativ gut geht, bestätigt meine These, dass Aufwand und Imagepflege sich auszahlen.

Ob die Leute jemals bereit sein werden, für Texte im Internet nennenswerte Beträge zu bezahlen, weiß der Himmel. Ich selber bezweifle es, aber von Prophetie verstehe ich noch weniger als von Ökonomie. Was sich jetzt schon abzeichnet: Das Internet verwandelt mittelmäßig oder schlecht bezahlte Journalistenjobs bei Zeitungen in schlecht oder sehr schlecht bezahlte Journalistenjobs bei Internetportalen.

Das Internet wird außerdem mehr und mehr zu dem Ort, an dem die Debatten stattfinden, es entmachtet tendenziell die Meinungsseiten und die Feuilletons. Sie wirken langweilig, langsam und ferngesteuert, verglichen mit der zauberhaften Anarchie und Vielfalt des Netzes. Man muss auf die Wochenzeitung Freitag achten, den ersten deutschen Versuch, nicht Printjournalismus im Internet zu verkaufen, sondern umgekehrt etwas von der Kreativität des Internets in den Printjournalismus zu übertragen.

Ambivalentes Verhältnis zum Netz

Trotzdem habe ich ein ambivalentes Verhältnis zum Netz, ich liebe es und ich fürchte es. Als ich anfing, musste ich, um zu leben, unaufhörlich Text produzieren. Später ließ meine Produktivität nach, aber ich bin mir ziemlich sicher, dass die Qualität der Texte dadurch stieg. Heute stelle ich fest, dass wir alle viel mehr Leserpost beantworten als früher, dank des Internets, und dass unsere Texte im Netz diskutiert werden.

Ich finde das gut, allerdings beteilige ich selbst mich nur ungern an diesen Diskussionen. Warum? Wir sollen ja auch fast alle einen oder zwei Blogs schreiben, und zu immer mehr Geschichten gibt es ein kleines »Making of«, eine Geschichte darüber, wie man die Geschichte geschrieben hat. Es wird immer mehr. Gleichzeitig glaube ich zu wissen, dass ein Autor seine Produktivität nicht unendlich steigern kann, man kann nicht einfach, wie in der Fabrik, das Fließband schneller stellen.

Ich bin sicher jemand, der relativ viel schreibt, trotzdem habe ich allmählich Angst. Journalisten, die unaufhörlich schreiben und plappern und bloggen und den ganzen Tag Sätze aus sich herausströmen lassen, können nicht gut sein, außer, sie sind zufällig Genies. Wir schreiben zu viel, wir haben zu wenig Zeit zum Nachdenken, und das hängt bei vielen mit den sinkenden Honoraren und mit dem Internet zusammen, das wir bedienen müssen, ohne davon leben zu können. Deshalb sollte ich jetzt vielleicht einfach die Klappe halten.

Schreckgeweitete Augen

Globalesisch statt Deutsch: Journalisten sind vernarrt in die
Apokalypse – jetzt spielt die Apokalypse mit ihnen.

Von Frank A. Meyer

© Ringier Verlag

Frank A. Meyer, Jahrgang 1944, ist Chefpublizist von Ringier und
Moderator der Sendung *Vis-à-vis* (3sat).

Worüber reden wir am liebsten? Am liebsten reden wir über unsere Befindlichkeit. Denn wir fühlen uns bedroht: vom newsroom, von online, von free content – vor allem reden wir in letzter Zeit über Dinge, die nichts zu tun haben mit dem guten alten Journalismus. Und wo reden wir? Auf workshops, an panels, bei brain stormings: über die Zukunft unseres Metiers – über die Krise unseres Metiers.

Medienwissenschaftler haben sich unseres Berufs bemächtigt. Wahlweise verkünden sie den fundamentalen Umbruch oder das nahe Ende der gedruckten Zeitung. Wir gucken ihnen mit schreckgeweiteten Augen in die professoralen Nasenlöcher – und glauben, was sie sagen. Journalisten sind vernarrt in die Apokalypse, spielen am liebsten täglich, stündlich mit ihr, vom Klimawandel über den Tsunami bis zur Schweinegrippe. Jetzt spielt die Apokalypse mit uns.

Es ist ja wahr, vieles mussten wir über uns ergehen lassen: Wie in der globalen Wirklichkeit hat die Finanzwirtschaft in den Verlagen die Macht über die Realwirtschaft errungen. Und genau wie in der globalen Wirklichkeit trieb die Finanzwirtschaft auch in den Verlagen die Rendite hoch und beschädigte die Realwirtschaft: den Journalismus.

Rollkoffer-Kommandos

Wir haben die Rollkoffer-Kommandos der controller und consultants über uns ergehen lassen müssen, die anhand von flipcharts, overhead projections und PowerPoint presentations erläuterten, dass wir content for people zu produzieren hätten, der aber per page noch zu teuer sei, weshalb ein relaunch unumgänglich werde. Die Sendboten der neuen Zeit, ausgebildet in Boston und St. Gallen, lizenziert in ökonomischem Obskurantismus, predigten uns die Heiligkeit des consumers. Diese executives der neuen Macht – in ihrer Menschenferne zu besichtigen im Film »Up in the Air« mit George Clooney – haben uns per powertalk auch noch unserer Sprache beraubt: Deutsch. Sprachlos geworden, haben wir kapituliert. Ja, jetzt reden auch wir Globalesisch. Macht sich gut auf jeder session, bei jeder convention, die unseren Untergang zum Thema hat. Schließlich sind wir in einem Punkt noch immer

Journalisten der guten alten Art: Uns imponiert stets am meisten, was gerade mainstream ist. Doch lehrt uns die allerjüngste Vergangenheit auch: Wer sich in den mainstream verguckt, dem fehlt der Blick für das, was wirklich geschieht.

»It's the journalism, stupid!«

Die Finanzwirtschaft hat es vorgemacht. Müssen wir es nachmachen? Nein. Denn es geht um etwas, wovon wir eigentlich schon mal gehört haben sollten: Es geht um Journalismus. Oder, zum besseren Verständnis, auf Globalesisch und frei nach Bill Clinton: »It's the journalism, stupid!«. Nur – was ist das: Journalismus? Es ist die Kultur der Sprache, der wir leidenschaftlich dienen. Es ist der Glaube an die Kraft der Sprache als Alpha und Omega unseres Berufs. Freilich nicht Sprache als Verpackung, nicht Sprache um der Sprache willen, sondern Sprache um der Klärung willen. Der Begriff Aufklärung allerdings gilt nicht mehr als zeitgemäß.

Der Zeitgeist hört auf den Begriff Kunde, nicht auf den Begriff Bürger. Auch wir Journalisten haben uns auf den consumer dressieren lassen – den Verbraucher an Stelle des Lesers. Der Leser, das war der Bürger. Ein unberechenbarer, ja gefährlicher Mensch in Zeiten des totalen controlling. Dem Leser, dem Bürger Sprache geben – das ist, das wäre, das war unsere Kernkompetenz. Des Bürgers Bürgermacht nämlich gründet auf dieser täglichen und alltäglichen Leistung: dass wir Journalisten ihm ein Instrument zur Klärung der Dinge in die Hand geben. Damit er mehr sein kann als nur Konsument.

Deshalb ist das unzeitgemäße Wort Aufklärung das richtige Wort für diese Zeit. Denn es reimt sich auf Journalismus. Wenn aber Journalismus wieder etwas mit Aufklärung zu tun haben soll, dann muss unser Thema wieder das Handwerk sein: das Ringen um das Wort, um die Sprache, um die Geschichte, um die Reportage, um das Interview, um den Kommentar, um den Essay. Kämpfer müssen wir sein, leidenschaftliche: für unseren Journalismus.

Kämpfer müssen aber auch die Chefredakteure endlich wieder sein: um die besten Rechercheure, die besten Schreiber, die besten Reporter, die besten Kolumnisten. Kämpfen müssen sie – und sich kümmern, indem sie kritisieren und loben, aufrütteln und beruhigen, fordern und begeistern. Das haben unsere Chefredakteure zu tun. Nichts anderes.

Ihr workshop ist die Redaktion, ihr panel ist die Redaktion, ihre convention ist die Redaktion. Für meetings mit controllern und consultants fehlt ihnen die Zeit. Ist das bloß die Schwärmerei von einer längst versunkenen Zeit, als der Chefredaktor spät abends den letzten Text umschrieb, die letzte Schlagzeile formulierte und anschließend mit den letzten Kollegen in die letzte Kneipe zog – um über das Blatt von morgen zu diskutieren?

Die Redaktion ist ein Klub

Alles vorbei und vergessen? Nein, so funktioniert der wirkliche Journalismus: intellektuell und emotional, narzisstisch und altruistisch, libertär und autoritär, oft auch chaotisch. Die Redaktion ist ein Klub, der die Gesellschaft durch Geschichten aus ihrer eigenen Mitte heraus gestaltet, sie dadurch lesbar, erfahrbar, erkennbar und veränderbar macht. Journalisten sind Denkhandwerker, die aus der Gegenwart jeden Tag Geschichten schöpfen – und damit Alltagsgeschichte schreiben.

So – und nicht anders – funktioniert unsere Realwirtschaft: der Journalismus. Er ist das Gegenteil von Management. Was geschieht, wenn die Realwirtschaft beschädigt wird, hat uns die globale Finanzwirtschaft soeben vor Augen geführt. Sollten wir daraus nicht etwas lernen? Es ist wieder Zeit für Journalismus!

Trend zur Brotbackmaschine

Der mediale Frontalunterricht geht zu Ende – jetzt kommt es für Journalisten darauf an, ein Forum führen zu können.

Von Dirk von Gehlen

© Holly Pickett

Dirk von Gehlen, Jahrgang 1975, ist Redaktionsleiter von *jetzt.de*. Das junge Magazin der *Süddeutschen Zeitung* wurde mehrfach dafür ausgezeichnet, Print und Online zu verbinden und die Leser in den Produktionsprozess zu integrieren. Mit über 300.000 Unique Usern zählt *jetzt.de* zu den reichweitenstärksten Angeboten für junge Leser im deutschsprachigen Internet.

Wer verstehen möchte, was den Kern der Herausforderungen aus-macht, mit denen Journalisten in der Digitalisierung konfrontiert sind, muss sich einen Bäckermeister vorstellen, der auf den Trend zu Brotbackmaschinen in Privathaushalten reagieren muss. Dabei ist die Demokratisierung der Produktionsmittel im Bäcker-Hand-werk weit weniger revolutionär als in der Medienbranche.

Die Zutaten, die es braucht, um ein Brot herzustellen, sind ebenso bekannt wie die technische Ausstattung dafür verbreitet ist. Schon seit einer Weile. Dennoch käme in der Back-Branche vermutlich niemand auf die Idee, das Aufkommen der »Bürger-Bäcker« mit der Debattenfrage »Wozu noch Nahrungsaufnahme?« zu thematisieren.

Dass die Medienbranche jedoch zu derart existenziellen Zweifeln neigt (und ich hier die äquivalente Frage zu beantwor-ten versuche), zeigt zweierlei: Zunächst scheint es eine so große Verunsicherung darüber zu geben, welche Rolle der professionelle Journalist für die mediale Nahrungsaufbereitung spielt, dass gleich der ganze Berufsstand in Zweifel gezogen wird. Und das liegt wiederum zweitens daran, dass viele publizistische Bäckermeister daran gewöhnt waren, die Brötchen exklusiv herzustellen und zu verbreiten.

Blinde Begeisterung und völlige Ablehnung

Dass Amateure in ihrer Branche auftauchen, ist für sie erschüt-ternd neu. Es verändert die Bedingungen, aber es stellt das Sys-tem nicht in Frage. Den Grad der Veränderung auf der Skala zwischen blinder Begeisterung und völliger Ablehnung angemes-sen darzustellen, ist also ein erster wichtiger Schritt in Richtung Beantwortung der Frage. »Wir erleben einen enormen Wandel im Journalismus«, hat der große alte Mann des amerikanischen Print-Journalismus, Seymour Hersh, unlängst in einem Inter-view bekannt; und ergänzt: »Dieser Wandel findet online statt. Es entsteht eine faszinierende, eine neue Art der Kommunikation.« Hersh, der für den New Yorker arbeitet und als investigativer Reporter unter anderem den Skandal in Abu Ghraib aufgedeckt hat, ist sicher kein blinder Web-Fanatiker. Der 73-Jährige spricht auch nicht von Multimedia oder Konvergenz, er spricht von einer faszinierenden Art der Kommunikation. Er spricht vom Dialog zwischen Journalisten und Zuschauern, vom Ende des medialen Frontalunterrichts. Seymour Hersh spricht vom Internet. Lesen Sie auf der nächsten Seite, warum das unausgesprochene Band zwischen den Lesern so wichtig ist.

Diese mediale Brotbackmaschine liefert nicht nur jedermann Mehl, Wasser, Hefe et cetera, sie hat auch dafür gesorgt, dass aus den vormals passiven Lesern und Zuschauern aktive Teilnehmer an dem Kommunikationsprozess wurden, den wir Journalismus nennen. Unsere Leser, Zuhörer und Zuschauer hatten schon immer eine Meinung, ab sofort können wir diese aber nicht nur hören und lesen, wir müssen auch einen Weg finden, damit umzugehen. Denn sie ist öffentlich und dauerhaft verfügbar.

Es wäre Quatsch, das Modell des einen Senders und der vielen Empfänger grundsätzlich in Frage zu stellen. Genauso falsch wäre es aber, die sendende Kraft der vielen Empfänger zu leugnen. Es ist eine Herausforderung, der sich die etablierten Medien stellen müssen, und sie ist meines Erachtens zwingender als die Debatte über Flash-Applikationen oder Multimedia-Anwendungen. Die Frage nämlich: Wie kommunizieren wir mit unserem Leser, Zuschauer oder Zuhörer? Wie reagieren wir auf den aktiven Konsumenten? Wie binden wir ihn ein? Oder um es anders zu formulieren: Wie können wir die Verbindung, die zwischen unseren Lesern und Nutzern schon immer unausgesprochen bestand, aufs Netz übertragen?

Lieblingszeitung statt Sexheft

Denn mit der Lektüre einer Publikation entscheidet man ja über weit mehr als nur über den Inhalt. Leser eines Magazins teilen gleiche Interessen, ähnliche Sorgen und meist sogar eine vergleichbare Geisteshaltung. Wie ausgeprägt diese ist, stellt man fest, wenn man in der U-Bahn die Wahl hat, neben jemandem Platz zu nehmen, der in einem Sexheft blättert oder neben jemandem, der die eigene Lieblingszeitung liest.

Dieses unausgesprochene Band besteht natürlich nicht nur zwischen den Lesern, es verbindet auch Leser und Journalisten – ob sie wollen oder nicht. Es ist das Bindemittel, das aus den verlässlichen, glaubwürdigen und hochwertigen Inhalten ein erfolgreiches Produkt macht. Darüber hinaus ist diese Verbindung ein Ansatzpunkt für die Frage, wie Verlage im Netz neue Erlösquellen erschließen können. Denn diese besondere Verbindung – manche sprechen von Community – ist vor allem nicht kopierbar.

Wenn jeder backen kann, entsteht Unterscheidung nicht mehr allein durch das Produkt. Dessen Qualität bleibt unabdingbare Vorraussetzung für den Erfolg. Doch auch der Bäckermeister verlässt sich nicht auf die bloße Hoffnung, dass schließlich immer gegessen werden müsse. Er muss sich den Entwicklungen stellen, sich weiterbilden. Er muss aktiv dem widersprechen, was Marc Andreessen, einer der Netscape-Gründer, mal über die mit Wandel konfrontierten Journalisten gesagt hat. Er hat sie mit denjenigen verglichen, die Kutschfahrten anboten, als das Auto erfunden wurde: »Die Pferdewagenbesitzer«, sagt Andreessen, »waren nicht diejenigen, die mit Autos Geld verdienten.«

Journalismus wird dann eine große Zukunft haben, wenn er akzeptiert, dass es nicht darum geht, bedrucktes Papier unter die Leute zu bringen. Oder um es in der Sprache der Kutscher zu sagen: Es geht um die Fortbewegung, nicht um den Pferdewagen. Und zur Fortbewegung gehört heute auch der Dialog mit den Lesern und Zuschauern.

Journalisten müssen im Zeitalter des Informations-Überflusses – fordert Tom Rosenstiel, der in den USA das »Project for Excellence in Journalism« leitet – mehr leisten als Inhalte zu produzieren. Für ihn zeigt sich die besondere journalistische Stärke auf vier Feldern: Er spricht vom Journalisten als Authentifikator, dessen Aufgabe es ist, den Lesern und Zuschauern glaubwürdige Inhalte zu zeigen, ihnen zu berichten, worauf sie vertrauen können. Zweitens spricht er vom Sinn-Stiften.

Einordnende Kraft, Forum-Leader

Damit beschreibt er die einordnende Kraft, die guten Journalismus auszeichnet. Der Journalist der Gegenwart muss erklären können, welche Wirkungen von den glaubwürdigen Meldungen ausgehen, was sie (für das Leben der Leser) bedeuten. Rosenstiel sieht den Journalisten drittens als Navigator. Seine Aufgabe ist es, das Publikum auf Dinge, auf Meldungen hinzuweisen, die interessant sind. Rosenstiel nennt dies good stuff. Und viertens erwartet er von einem exzellenten Journalisten, dass er ein Forum führen kann. Wörtlich spricht er vom Forum-Leader, der Diskussionen anstoßen, lenken und formen kann. Eben ein Journalist, der den Dialog mit seinen Lesern nicht scheut, sondern darin sogar geschult ist.

Ein Journalist, der sich diesem Wandel seiner Rolle bewusst ist, wird neue Wege finden, auf die Herausforderungen der privaten Brotbackmaschinen zu reagieren – ohne diese zu verdammen. Stattdessen kann er selbstbewusst das »noch« aus der Frage »Wozu noch Journalismus?« streichen.

Tiefgreifender Transformationsprozess

Meinungen statt Fakten, das ist die Tendenz im Journalismus.
Umso mehr müssen Journalisten als »trusted guides« fungieren.

Von Jörg Sadrozinski

© NDR

Jörg Sadrozinski, Jahrgang 1964, ist seit 1998 Redaktionsleiter
von *tagesschau.de*. Der studierte Journalist arbeitete für die
Süddeutsche Zeitung, die dpa und den Bayerischen Rundfunk.
Seit 1991 ist er beim NDR, wo er u.a. Nachrichtenredakteur bei
ARD-aktuell und Chef vom Dienst bei *Tagesthemen* und dem
Nachtmagazin war.

Als ARD und ZDF 1980 den Videotext einführten, rauschte es gewaltig im deutschen Blätterwald: Texte im Fernsehen – das konnte, das durfte nicht sein! Ähnliches erleben wir heute, 30 Jahre später, bei Ankündigungen von (mobilen) Internetangeboten der Öffentlich-Rechtlichen. Doch das Untergangsgeschrei von damals unterscheidet sich in einem entscheidenden Punkt: Heute steckt die gesamte Medienbranche mitten in einem tiefgreifenden Transformationsprozess – öffentlich-rechtliche und private Sender sind ebenso wie Verlage davon betroffen.

Der öffentlich-rechtliche Rundfunk und damit auch die journalistischen Angebote, die wir produzieren, unterliegen – entgegen anders lautender Berichte – natürlich ebenso ökonomischen Zwängen wie andere Medien auch. Aber trotz Einsparungen, die auch meine Redaktion tagesschau.de in den vergangenen Jahren erbringen musste, ermöglicht das Gebührenprivileg (ich empfinde es tatsächlich als eines) einen Journalismus, den ich angesichts von Digitalisierung und Wandel in der Mediennutzung für unverzichtbar halte. Einen Journalismus, der unabhängig, relevant und um Objektivität bemüht ist.

Was ist Journalismus? Der Autor Walther von La Roche, einer der renommiertesten Journalistenausbilder in Deutschland, definiert das Berufsbild innerhalb der verschiedenen Medien anhand der Tätigkeiten Recherchieren und Dokumentieren, Formulieren und Redigieren, Präsentieren, Organisieren und Planen. Ob in Print, Hörfunk, Fernsehen oder Online – all diese Tätigkeiten zeichnen professionellen Journalismus aus. Umgekehrt: Ohne diese Tätigkeiten ist eine Veröffentlichung kein journalistisches Produkt.

»Das Internet ist anders«

Die Krise der Medienbranche wird häufig mit der steigenden Nutzung des Internet verknüpft. Abgesehen von angeblich fehlenden Geschäfts- und Refinanzierungsmodellen wird beklagt, dass die Rolle des professionellen Journalisten in Zeiten, in denen Jede(r) ohne größere technische und finanzielle Hürden Inhalte veröffentlichen und verbreiten könne, überflüssig sei. Richtig ist: »Das Internet ist anders«, wie Journalisten-Kollegen in einem

»Internet-Manifest« im September 2009 schreiben. »Es schafft andere Öffentlichkeiten, andere Austauschverhältnisse und andere Kulturtechniken. Die Medien müssen ihre Arbeitsweise der technologischen Realität anpassen, statt sie zu ignorieren oder zu bekämpfen. Sie haben die Pflicht, auf Basis der zur Verfügung stehenden Technik den bestmöglichen Journalismus zu entwickeln – das schließt neue journalistische Produkte und Methoden mit ein.« Lesen Sie auf der nächsten Seite, warum Meinungen statt Fakten verbreitet werden.

»Klicks, Quoten, Reizwörter«

Dass das Internet den Journalismus verbessere, wie die Unterzeichner des Manifests behaupten, ist umstritten. Schon 2007 konstatieren die beiden Onlinejournalisten Steffen Range und Roland Schweins in der sehr lesenswerten und noch immer aktuellen Studie »Klicks, Quoten, Reizwörter: Nachrichtensites im Internet. Wie das Web den Journalismus verändert«: »Krawall- und Sensationsjournalismus und seichte Unterhaltung haben die auf Seriosität bedachte unaufgeregte Berichterstattung in den Hintergrund gedrängt. Boulevard und Information sind im Netz ein Bündnis eingegangen.« Und: »Der Gegensatz von Information ist nicht Unterhaltung, sondern Manipulation und Fälschung. Doch wenn selbst Nachrichten, Faktenwissen und Börsenkurse einem Primat der Unterhaltung unterworfen werden, befindet sich der Qualitäts-Journalismus alter Schule in ernster Gefahr.«

Und weiter: »Gemessen an den strengen Kriterien an Qualitäts-Journalismus, die Verleger und Chefredakteure selber aufgestellt haben, versagen die meisten ihrer Nachrichten-Sites. Kennzeichen des tatsächlich vorherrschenden Nachrichten-Journalismus sind Zweitverwertung, Agenturhörigkeit, Holzschnittartigkeit, Eindimensionalität und Einfallslosigkeit.«

Was hier kritisiert wird, gilt nicht nur für die Berichterstattung im Internet. Selten habe ich – auch in so genannten Qualitätszeitungen – so viel Einseitigkeit, Mangel an Recherche und Meinungsmache gesehen, wie in den vergangenen Monaten im Zusammenhang mit der Berichterstattung über die Internetaktivitäten der öffentlich-rechtlichen Rundfunkanstalten. Da wird

beispielsweise der angeblich ungezügelte Ausbau von deren On-
lineangebot beklagt und als Beleg werden Investitionen für die digitalen TV-Kanäle ins Feld geführt – sachlich etwas ganz anderes.

Meinungen statt Fakten

Aber auch das ist keine neue Entwicklung im Journalismus: Schon
1984 schreibt Wolf Schneider: »Die Abwesenheit von Lüge ist
ohne Zweifel die wichtigste Voraussetzung für sachgerechten Journalismus; gleichbedeutend mit der Anwesenheit von Wahrheit ist
sie nicht. Der Autor einer Nachricht schwebt ständig in der Ver-
suchung, mit nachweislich zutreffenden Fakten so zu hantieren,
daß nicht in erster Linie diese Fakten, sondern die Meinung zum
Ausdruck kommt.«

Meinungen statt Fakten – eine Tendenz im Journalismus, die
möglicherweise dadurch verstärkt wird, dass keine Zeit für die Recherche der Fakten bleibt. Eine Meinung hat Jede(r) und Recherche
ist oft langwierig und zeitaufwändig. Eine weitere Entwicklung:
Schnelligkeit wird mehr und mehr zum wichtigsten Qualitätsmerk-
mal im (Nachrichten-)Journalismus. »Be first, but first be right«,
lautet ein alter Agenturspruch – häufig wird davon nur noch der
erste Satzteil beherzigt, nicht nur, aber eben oft im Onlinejourna-
lismus. Range und Schweins stellen fest: »Dieser Zwang zur Aktualität wirft viele Probleme auf. Was geschrieben wurde, geht oftmals
online, ohne dass zuvor noch einmal ein Chef vom Dienst oder ein
Redakteurskollege einen Blick darauf wirft. Gelegentlich werden
Agenturmeldungen ohne Bearbeitung übernommen.«

Wenn wir so weitermachen, also Schnelligkeit zum wichtigsten Qualitätskriterium des Journalismus machen, verspielen wir
eine der wichtigsten Tugenden, die professionellen Journalismus
ausmacht: Glaubwürdigkeit. Die Authentizität der Nachricht, die
nachprüfbare Recherche ist für den Medienkonsumenten angesichts der ungeheuren Flut an Informationen von großer, von
wachsender Bedeutung. Aber auch die Verlässlichkeit der Person,
die die Nachricht vermittelt, wird für den Leser, Zuschauer oder
Hörer immer wichtiger. Wenn dies zutrifft, können wir dann
Nachrichten Glauben schenken, die über Twitter oder Facebook
übermittelt werden?

Kürzlich haben sich fünf französischsprachige Journalisten eine Woche lang einem Experiment unterzogen. Sie lebten abgeschieden auf einem Bauernhof in Südwestfrankreich und informierten sich im Internet lediglich über die beiden derzeit erfolgreichsten, weil reichweitenstärksten, sozialen Netzwerke. Höhepunkt der Berichterstattung während des Versuchs: eine Welle sich widersprechender Facebook- und Twitter-Meldungen, weil ein Flugzeug die Schallmauer durchbrochen hatte: Nutzer berichteten über den Absturz oder spekulierten über Atomwaffen an Bord der Maschine. Die Auflösung brachte dann die auf Twitter kopierte Meldung der Onlineausgabe einer Zeitung.

Der Journalist als Verbreitungsweg

Ein anderes Beispiel, das nicht das Gegenteil – also die Verlässlichkeit der Information aus dem Netz – belegen soll, das aber die Nützlichkeit von Internetquellen für Journalisten zeigt: Ohne die Tweets oder YouTube-Videos der iranischen Oppositionellen wäre deren Protest gegen die Präsidentschaftswahl niemals in dem gezeigten Ausmaß in den westlichen Medien thematisiert worden. Zwar waren neben bloggenden Oppositionellen auch der iranische Geheimdienst und die Regierung im Netz aktiv, was die Recherche um die Echtheit der Information erheblich erschwerte – dennoch sollte eine Vielzahl von Quellen in der Regel zu einer besseren Berichterstattung führen als einige wenige.

Was will ich mit diesen Beispielen sagen? Journalisten müssen sich heute und in Zukunft des Internets bedienen: als Quelle, als Verbreitungsweg und als Mittel zum Dialog mit Nutzern. Das ist anstrengend. Unter anderem deshalb, weil die traditionellen Quellen, also Nachrichtenagenturen, Zeitungen oder die eigenen Korrespondenten, ihre Berichterstattung nicht in dem Maße verringern, in dem im Internet zusätzliche Quellen zur Verfügung stehen, sondern die Masse der Informationen noch steigern. Der Journalist muss demzufolge immer mehr Quellen sichten und bewerten und hat dafür immer weniger Zeit.

Einige Journalisten bezweifeln, dass eine ständige und systematische Beschäftigung mit vielen unterschiedlichen Quellen und Medien sinnvoll ist. Frank Schirrmacher bezieht sich in seinem

Buch Payback auf eine Studie des Stanford-Forschers Clifford Nass, die besagt, dass Menschen, die dem »Medien-Multitasking« (dem gleichzeitigen Nutzen von mobilem oder stationärem Internet, TV und anderen Medien) intensiv nachgehen, weniger auswählen, nicht mehr zwischen Wichtigem und Unwichtigem entscheiden könnten und häufiger auf »falschen Alarm« reagieren, mithin ineffizienter würden.

Ausschalten, wegzappen ignorieren?

Zugegeben, für den Journalisten heutzutage und in der Zukunft wird es bei der Vielzahl von Quellen und Input immer schwieriger, den Überblick zu behalten. Doch was wäre die Alternative? Ausschalten, wegzappen, ignorieren? Eine wesentliche Aufgabe des Journalisten besteht darin, auszuwählen, Wichtiges von Unwichtigem zu unterscheiden, Komplexität zu reduzieren, einzuordnen und Orientierung zu geben. Die Aufgabe von Journalismus ist es, dem Mediennutzer einen Weg durch den Informations-Dschungel zu schlagen, in dem dieser sich sonst verlaufen würde. Der Journalist sollte dabei ein »trusted guide«, ein vertrauensvoller Führer sein. Wenn Journalisten diese Funktion erfüllen, erhöhen sie die eigene Glaubwürdigkeit und tragen zu einem zukunftsfähigen und besseren Journalismus bei.

»Wozu Journalisten?« fragte die Akademie für Publizistik im vergangenen Jahr in ihrem Journalisten-Wettbewerb. Die mit dem ersten Preis ausgezeichnete Kollegin beantwortete die Frage am Ende ihres Beitrags so: »Wir brauchen keine Journalisten. Wir brauchen gute Journalisten. Solche, die es versuchen.«

Dem Journalismus geht es erstaunlich gut

Die Internetbeschimpfung gilt in der Medienbranche als trotzige Mutprobe. Doch wir müssen uns vom Festungsjournalismus verabschieden.

Von Wolfgang Blau

© sagapacific

Wolfgang Blau, Jahrgang 1967, ist Chefredakteur von *Zeit Online*. Für *Die Welt* entwickelte er bereits 1999 das erste Online-Audio-Portal einer europäischen Tageszeitung.

Die Frage »Wozu noch Journalismus?« ist irritierend selbstmitleidig, um nicht zu sagen manipulativ. Sie unterstellt, dass mit dem Niedergang einiger Medienhäuser auch schon das Ende des Journalismus drohe.

Dem Journalismus geht es erstaunlich gut. Ja, die wirtschaftliche Zukunft vieler Zeitungshäuser ist ungewiss. Ja, auch die meisten online-journalistischen Angebote arbeiten noch nicht einmal kostendeckend und niemand kann mit Sicherheit sagen, welches journalistische Geschäftsmodell in Zukunft tragfähig sein wird. Dennoch erlebt der Journalismus gerade seinen größten Entwicklungssprung seit Erfindung des Rundfunks.

Man muss kein Idealist sein, um dem Journalismus ein goldenes Zeitalter vorauszusagen. Nie zuvor konnten Leser auf eine solche Vielzahl nationaler und internationaler Quellen zurückgreifen, um sich ihr eigenes Bild von der Welt zu machen. Nie zuvor wurden Redaktionen in so hoher Geschwindigkeit und Anzahl von ihren Lesern auf neue Aspekte oder auf Fehler hingewiesen. Nie zuvor konnten sich so viele Menschen selbst journalistisch betätigen. Journalismus ist keine exklusive Profession mehr. Journalismus ist zu einer Aktivität geworden, die nur noch von einer Minderheit professionell ausgeübt wird. Ob ein Journalist professionell ist, bemisst sich nicht mehr daran, ob er mit seiner Arbeit Geld verdient, sondern allein daran, ob er professionelle Standards einhält, etwa in der Sorgfalt und Fairness seiner Recherche und der Qualität seiner Sprache. Darin liegt für viele Redakteure – junge, wie alte – eine Kränkung. Aber stellen Sie sich vor, Sie würden gerne Musik machen, jedoch in einer fiktiven Welt leben, in der Musikinstrumente so unbezahlbar teuer sind, dass Sie nur als Mitglied eines Berufsorchesters die Chance hätten, jemals Geige oder Trompete zu lernen. So ähnlich sah die Welt des Journalismus vor nur etwa fünfzehn Jahren aus. Journalist war in der Regel nur, wer das Privileg hatte, für einen Sender, ein Printmedium oder eine Nachrichtenagentur zu arbeiten.

Internetbeschimpfung als Mutprobe

Dieses Monopol der alten Medien-Institutionen auf journalistische Produktionsmittel und Vertriebswege wird nicht mehr wiederkehren. Während wir aber selten einen Profimusiker dabei er-tappen werden, dass er die Mehrheit der Laienmusiker öffentlich verunglimpft und ihre Verdienste für die Musik abstreitet, begehen verunsicherte Journalisten und Medienmanager alter Schule diesen Fehler heute regelmäßig. Die öffentliche Beschimpfung des Internet wurde zur trotzigen Mutprobe einer ganzen Branche. Selbstverständlich werden die Menschen auch in Zukunft noch auf vertrauenswürdige, professionelle Websites, Printmedien oder Sender zurückgreifen. Auch in Zukunft wird es noch hauptberufliche Journalistinnen und Journalisten geben. Es werden aber weniger sein als heute und um sich in einer vom Internet dominierten Medienlandschaft behaupten zu können, werden Redakteure ein neues Selbstverständnis und zusätzliches Handwerkszeug benötigen. Viele Jahre lang wurde beispielsweise in Redaktionen in aller Welt darüber gestritten, ob Print- und Online-Redakteure auch in der Lage sein sollten, Fotos und Videos von ihren Recherchen mitzubringen. Journalistenverbände warnten – wie bei jeder Einführung neuer Technologien – vor der eierlegenden Wollmilchsau. Seit es aber leicht bedienbare und preiswerte HD-Videokameras in der Größe eines Diktiergerätes gibt, hat sich der Streit gelegt. Auch in vielen deutschen Redaktionen gibt es heute Reporter und Korrespondenten, die ihren Artikeln selbstverständlich ergänzende Videoclips beifügen. Lesen Sie auf der nächsten Seite, warum Twitter und Facebook für Journalisten so wichtig sind.

Qualifikation durch Social Media

Die nächste, in einigen britischen Redaktionen sogar erzwungene Zusatzqualifikation ist der Umgang mit Social-Media-Plattformen wie Twitter und Facebook. Alan Rusbridger, Chefredakteur des britischen Guardian, sagte kürzlich, die Einrichtung einer persönlichen Facebookseite und eines *Twitter*-Accounts sei für alle seine Redakteure obligatorisch. »Höchstwahrscheinlich werden wir damit eines Tages mal ein Desaster erleben«, glaubt Rusbridger. »Irgendeiner unserer Redakteure wird dort etwas schreiben, was er nicht hätte schreiben sollen. Und trotzdem glaube ich, dass Twitter vor allem für spezialisierte Redakteure sehr befreiend sein kann. Twitter erlaubt ihnen, auch Themen, die keinen ganzen Artikel rechtfertigen, anzureißen und sie können ihrer Leserschaft dort auch relevante Texte der Konkurrenz empfehlen.«

Es ist dieser Mut zum Experiment und diese Bereitschaft zum Scheitern, mit der sich der *Guardian* das Vertrauen von inzwischen knapp 37 Millionen Nutzern auf der ganzen Welt (Unique Users pro Monat) erarbeitet hat. Auch der Konkurrent *Daily Telegraph* oder der Fernsehsender CNN treiben die Nutzung von Social Media mit Eile voran.

Rein technisch ist der Umgang mit Social Media für Journalisten schnell erlernbar. Jedes durchschnittliche Redaktionssystem ist komplizierter. Das Internet lässt aber die Grenzen zwischen kommerzieller und nicht-kommerzieller Sphäre, zwischen beruflicher und privater Identität und vor allem zwischen Amateur und Profi verschwimmen. Viele Journalisten fühlen sich dadurch in ihrer beruflichen Identität in Frage gestellt und reagieren aggressiv. Die unsinnige Diskussion etwa, ob Twitter denn überhaupt eine vertrauenswürdige journalistische Quelle sei, ist nur das jüngste Beispiel für Abwehrgefechte, die ohnehin nicht zu gewinnen sind, unsere Branche aber wertvolle Kraft und Zeit kosten.

Selbstverständlich ist Twitter in seiner Gesamtheit keine journalistische Quelle. Es wäre ähnlich absurd, darüber zu diskutieren, ob Telefone eine vertrauenswürdige Quelle sind. Sie sind es nicht. Einzelne, verifizierte Anrufer aber sind es und dasselbe gilt für verifizierbare, individuelle *Twitter*-Accounts.

Journalisten müssen berührbar sein

Journalisten, die bereit sind, sich in Social Networks, auf Twitter und vor allem in den Kommentar-Feldern unter ihren eigenen Texten zu äußern und den Stimmen dort zuzuhören, können viel gewinnen. Ja, sie müssen auch einstecken können. Selbst auf sorgfältig moderierten Websites ist es nie ganz auszuschließen, dass Redakteure beleidigt werden. Doch je offener sie sich zeigen, desto freundlicher und konstruktiver wird ihnen in der Regel begegnet. Und in einer mit genügend Moderatoren ausgestatteten Community bleiben Pöbler eine Randerscheinung.

In meiner eigenen Redaktion, *Zeit Online*, würden wir auf die Kommentare, die Hinweise und die oft auch unbequeme Kritik unserer Leser auf keinen Fall mehr verzichten wollen. Unsere Leser helfen uns täglich, kleinere – manchmal auch größere – technische oder redaktionelle Fehler rasch zu beheben. Sie weisen uns auf Themen hin, die wir eventuell nicht genug beachtet haben, sie schreiben eigene Texte, sie ergänzen unsere Artikel mit weiterführenden Links oder mit Argumenten, die unseren widersprechen. Und ja, sie loben uns auch hin und wieder. Unsere Leser helfen uns täglich besser zu werden.

Sukzessive kommen wir zu einer Arbeitsweise, in der unsere Artikel nicht mehr der Endpunkt des journalistischen Prozesses sind, sondern dauernder Zwischenstand. Aus den Kommentaren unserer Leser unter dem Artikel, auf *Facebook* oder bei *Twitter* entsteht oft die Idee zum nächsten Text; gelegentlich auch die unbequeme, aber wichtige Einsicht, einen Gedanken nicht zu Ende gedacht zu haben. Voraussetzung dafür ist, dass wir bereit und personell in der Lage sind, zuzuhören und mit unseren Lesern zu reden.

Leider gibt es bisher nur wenige Journalistenschulen, die den Redakteursnachwuchs auf diesen Dialog vorbereiten. Stephan Weichert und Leif Kramp, die beiden Initiatoren dieser *sueddeutsche.de*-Serie, liegen deshalb nicht ganz daneben, wenn sie uns Journalisten als die »Neandertaler der digitalen Ära« bezeichnen. Es ist schon ein erstaunliches Paradoxon, dass viele von uns die Fähigkeit zur Analyse und zur Kommunikation für Kernkompetenzen ihrer Profession halten, gleichzeitig aber bei der Analyse ihrer eigenen Zukunftsfähigkeit und bei der direkten Kommunikation mit ihren Lesern so große Defizite zeigen.

Abschied vom Festungsjournalismus

Um sich in der zunehmend vom Online-Journalimus dominierten Medienwelt bewegen und stellenweise sogar wieder unentbehrlich machen zu können, braucht unser Berufstand deshalb nicht nur zusätzliche Fertigkeiten, sondern vor allem ein neues Rollenbild, ein neues Mind-Set. Der britische Journalist Peter Horrocks fordert dazu die Abkehr vom Festungs-Journalismus hin zum Netzwerk-Journalismus. Horrocks ist kein praxisferner Professor, er ist Chef des BBC World Service. »Die meisten Journalisten haben in stolzen Institutionen mit dicken Mauern gelebt und gearbeitet«, schreibt er. »Ihre tägliche, ritterliche Aufgabe war einfach: Sie bekämpften Journalisten aus anderen Festungen. Heute zerbröckeln diese Festungen und die ritterlichen Scharmützel der Journalisten können die Massen nicht mehr beeindrucken.«

Um die BBC, eine der seriösesten Medienmarken der Welt, zukunftsfähig zu machen, verpflichtete Horrocks seine Redakteure Anfang dieses Jahres, sich mit Social-Media-Plattformen zu beschäftigen und diese auch als Quellen zu nutzen. Redakteuren, die nicht mitziehen wollten, empfahl er öffentlich, sich einen anderen Job zu suchen. Auch der kommerzielle BBC-Konkurrent SkyNews forciert die Nutzung von Twitter als Quelle und hat sämtliche Arbeitsplätze in seinem Newsroom mit der Twittersoftware Tweetdeck ausgestattet.

Online-Kompetenz zu erwerben und ein zukunftsfähiges Berufsbild des Journalismus zu entwickeln, dient aber nicht nur dem Überleben etablierter Medienmarken. Wir sind es auch unseren Lesern schuldig. Das Internet entwickelt sich gerade zum Betriebssystem unserer Gesellschaft. Das Netz ist kein Nebenthema, es transformiert jeden Bereich unseres Lebens, positiv wie negativ. Die Zukunft unserer Bürgerrechte beispielsweise wird sich im Netz entscheiden. Wie aber sollen Journalisten den permanenten, digitalen Angriff auf Bürgerrechte und Privatsphäre verständlich darstellen, wenn ihnen die dafür nötigen Grundkenntnisse fehlen und sie das Netz nur durch die Brille ihrer alten Weltsicht betrachten können?

Vierte Gewalt ohne Netzkompetenz

Journalisten preisen ihren Berufstand gerne als die vierte Gewalt und als Wächter der Demokratie. Sollte der Journalismus diese Aufgabe tatsächlich haben, ist es geradezu eine Pflichtverletzung, wenn Journalisten sich nicht darum bemühen, das Netz zu verstehen.

Doch wie können mehr Journalisten als bisher den Mut finden, sich auf das Netz und seine neue journalistische Kultur einzulassen, wenn schon der Deutsche Journalistenverband und vor allem die Verlegerverbände durch krude Äußerungen über das Internet auffallen? Das Verhalten dieser Verbände erinnert an einen Bären, der von einer Wespe attackiert wird. Weil er die Wespe nicht sehen kann, drischt er wahllos auf Felsen und Bäume ein, mal auf Google, mal auf die öffentlich-rechtlichen Sender, mal auf das angeblich lückenhafte deutsche Urheberrecht, auf das Internet in seiner Gesamtheit oder auch nur auf den angeblichen »Geburtsfehler« des Netzes, der darin bestehe, dass dort viele Inhalte kostenlos angeboten werden. Es mag ein Fehler der Verlage in aller Welt gewesen sein, kostenlose Websites einzurichten. Deshalb aber das gesamte Internet zu verunglimpfen ist gelinde gesagt egozentrisch. Das Internet wurde nicht für uns erfunden. Wir sind darin nur ein Akteur von vielen.

Es wäre konstruktiver, wenn die deutschen Verlage eine separate, nationale Organisation nach dem Vorbild der amerikanischen Online Publishers Association gründen würden. Zwar beschäftigen sich auch die Verbände VDZ und BDZV mit Online-Medien, ihre Entscheidungsstrukturen, ihr Führungspersonal und ihre Mentalität aber sind – völlig zu Recht – von den Interessen und Zukunftsfragen der Printmedien geprägt. Es könnte auch sinnvoll sein, wenn die Verlage nach dem Vorbild der amerikanischen Knight News Challenge einen gemeinsamen Innovationsfonds gründen würden.

Amerikanische Journalisten sind oft erstaunt darüber, wie genau deutsche Kollegen die amerikanische Branche beobachten und wie detailliert wir uns über alternative Finanzierungsmodelle für Journalismus in den USA informieren, sei es über den Stiftungsansatz von ProPublica oder über Crowd-Funding-Konzepte wie Spot.us oder Kachingle.com. Was sie dann aber kaum fassen können, ist die üppige finanzielle Ausstattung unseres eigenen öffentlich-rechtlichen Systems. Dass die Deutschen bereit sind, ARD und ZDF jährlich 7,3 Milliarden Euro zu gewähren, löst in der Regel ratloses Staunen aus. "You should cooperate then", war der Kommentar des Journalismus-Professors Jay Rosen, als er die Zahl 7,3 Milliarden hörte, »Ihr solltet zusammenarbeiten«.

Neuer Anfang mit den Öffentlich-Rechtlichen

Denn auch im Kampf gegen die Online-Angebote der öffentlich-rechtlichen Sender haben sich die Verlegerverbände verrannt. Die öffentlich-rechtlichen Online-Redaktionen beschäftigen zwar viele hervorragende Journalisten, das politische Korsett dieser Redaktionen ist aber so eng, dass sie keine wirkliche Konkurrenz darstellen. Gäbe es diese Websites nicht, hätten die Online-Angebote der Zeitungshäuser zwar einige Nutzer mehr, man muss aber schon komplett mutlos sein, wenn man behauptet, die öffentlich-rechtlichen Nachrichtensites stünden dem kommerziellen Erfolg der Zeitungs-Websites im Wege.

Der Skandal öffentlich-rechtlicher Nachrichtensites ist nicht ihre Existenz, sondern ihre unnötige und verwirrende Vielzahl. Es gibt keinen ersichtlichen Grund, weshalb die ARD ihre föderale Struktur im Netz noch einmal nachbauen muss und weshalb Deutschland eine solche unüberschaubare Vielfalt überregionaler, gebührenfinanzierter Nachrichtenportale braucht. Vielleicht wären die Verlage besser beraten, für eine Beschränkung der Öffentlich-Rechtlichen auf nur zwei, sehr leistungsfähige Nachrichtensites zu kämpfen – tagesschau.de und heute.de – und gleichzeitig Dienstleistungen der öffentlich-rechtlichen Sender für ihre eigenen Websites einzufordern.

Sehnsucht nach Geschichten

Was spräche beispielsweise dagegen, dass öffentlich-rechtliche Sender sämtliche Inhalte, an denen sie die nötigen Rechte klären können, auch den Nachrichtensites der Printmedien kostenfrei zur Verfügung stellen? Weshalb kaufen die Websites der Printmedien vor großen Sportereignissen oder Wahlen teure interaktive Datenbank-Module ein, statt die entsprechenden Module der öffentlich-rechtlichen Websites nutzen zu dürfen, durchaus auch als White-Label-Produkt, also ohne das Logo des jeweiligen Senders zeigen zu müssen? Die Nutzer haben für diese Inhalte ohnehin schon einmal bezahlt.

Was hält die öffentlich-rechtlichen Websites davon ab, in sehr viel größerem Umfang als bisher auf thematisch passende Artikel der Zeitungs-Websites zu verlinken und damit etwas für deren Vermarktbarkeit zu tun? Und könnten die personell zum Teil üppig ausgestatteten Online-Redaktionen der Öffentlich-Rechtlichen nicht auch eine Pionierrolle bei der Entwicklung des Datenbank-Journalismus einnehmen und zum Beispiel helfen,

Software-Schnittstellen zu den öffentlichen Datenbeständen von Ministerien, Bundestag und Statistikämtern auszuhandeln und zu programmieren?

Es mag gute Gründe geben, die gegen solche Kooperationen sprechen und meine Leser werden mich hoffentlich auf viele dieser Gründe hinweisen. Um eine ergebnisoffene Diskussion über zukünftige Erlösmodelle und Kooperationen aber überhaupt führen zu können, müssen alle Beteiligten zuerst einmal vollends im Netzzeitalter ankommen. Und sie müssen sich endlich verabschieden – von zweistelligen Renditen ebenso wie vom Anspruch auf exklusive journalistische Deutungshoheit.

Droht dem Journalismus deshalb das Ende? Natürlich nicht. Der Zweck des Journalismus wurzelt in der selben Sehnsucht, aus der heraus sich die Menschen schon vor Tausenden von Jahren um wärmende Lagerfeuer versammelt haben: Der Sehnsucht nach Geschichten, die uns informieren, die uns unterhalten oder uns sogar helfen, ein sinnvolles Leben zu führen und eine bessere Welt zu erschaffen. Diese Feuer haben lange vor uns gebrannt, sie werden noch lange nach uns brennen.

The Thrill of Foreign Countries

Foreign reporting is not going to die, even as the job has been endangered by the competition from bloggers.

By Roger Boyes

Roger Boyes, Jahrgang 1952, ist Deutschland-Korrespondent der *London Times*. Seit 1993 berichtet er aus Bonn, später aus Berlin und schreibt regelmäßig eine Kolumne für den *Tagesspiegel*.

What worries me is not so much the death of journalism as the death of lunch. When the Bundestagskantine moved form Bonn to Berlin, something changed in the way that information passed from the decision-making to the writing classes. Now we have sandwich crumbs in our computer keyboard and, though we get to see our politicians, even play football or chess against them, we don't really have much to say to each other; the old conspiratorial friendships have withered and so, for foreign correspondents at least, has the idea of insider journalism.

Once upon a time a correspondent stationed abroad enjoyed a kind of oracular authority: it was up to us to analyse what was inside the Chancellor's brain, or in Helmut Kohl's case, his stomach, and warn our readers at home of an impending change of policy. Even more precariously we also advised our readers of the national mood. How many times in the 1990s was I asked to answer the question: what are the Germans thinking?

Nuance is Yesterday

That pleasant vanity-feeding social position – we were pale shadows of the ambassador – encouraged politicians to seek our company. Well do I remember Karsten Voigt and Klaus Bölling diving into the *New York Times* bureau of the much-feared reporter John Vinocur in the 1970s. The Chancellor (Schmidt) viewed the paper (and my own at the time, the *Financial Times*) as a direct conduit to elites in the US and Anglophone Europe. Later, this steering of information to the press became known as public diplomacy because it sounded less corrupt.

What has changed? Newspaper correspondents are no longer viewed as the main channel of daily information from foreign countries. Neither by the host government, nor by the readers at home. Even before the arrival of the internet we were facing competition from 24 hour news television. The Washington correspondent, once a hugely respected figure in the European newspaper world, found himself awoken at 6 a.m. and told by news editors in London and Paris exactly what was the news of the day: it was late morning at home and the editors had been watching CNN for five hours.

Then came the online version of the *NY Times*, the *Washington Post* – once routinely copied by British correspondents, strapped for time. And the myriad American blogs. Nowadays the life of a Washington reporter resembles that of a hamster on a wheel, a constant attempt to satisfy, at high speed, the wishes of his editor. Correspondents in other capitals have it easier, but the fundamental shift applies to us all: digital news has robbed us of our monopoly of interpretation of a government, its society and culture.

Our authority has crumpled. We were once responsible for introducing nuance to the British (I could equally well say, Dutch, Italian, French) perception of our host countries. Nuance is yesterday. Online news- services to remain competitive have, like Alsatian geese, to be stuffed before they can be consumed. Slow newsgathering has become a luxury. Irony has been all but banned since nothing travels worse for an online audience, with English as a second or third language, than verbal humour.

Two Models of Paywall

In short, the job of correspondent has been downgraded: by the competition from bloggers (who do not have to embark on the time consuming business of reporting facts), by falling levels of curiosity about serious foreign policy processes (the internet has … expanded the conscious world, but seems, paradoxically, to have shrunk it too), by the end of any meaningful exchange between foreign-based reporters and the political class. And by the end of the three-hour gossip driven lunch with frustrated politicians.

None of this means that foreign reporting is going to die. But it will have to adapt. Two models of paywall are currently being considered for online news: One offers a certain amount of free articles before the reader is obliged to sign up for a subscription (the *Financial Times* practice that is to be taken over next year by the *New York Times*). Critics say this punishes the most loyal readers. The second model, loosely based on the *Wall Street Journal*, will have a two-tier pricing structure. Committed users will be given unrestricted access for a monthly subscription; or you will be able to pay a modest sum for a 24 hour access pass.

The *Times* (of London) will probably follow the second model. The problem, naturally, is that taking news out of the free domain has only been seriously tested for financial information. Many businessmen charge their subscriptions to expenses; it is therefore no real test of whether readers of general news are willing to pay out of their own pocket for what was once free. *The Guardian*, as outlined in a recent speech by its editor Alan Rusbridger, seems to be calculating that it can somehow profit by staying free after others disappear behind their paywall.

The Guardian which in terms of its printed circulation is only the ninth or tenth largest newspaper in Britain has developed a global position through its online presence. It calculates that it is the second best-read English newspaper in the world on the web. (37 million people – one third in Britain, one third in the US and one third in the rest of the world). "If the *New York Times* really does start charging for access," says Rusbridger, "the *Guardian* may become the newspaper with the largest web English-speaking readership in the world."

Reporting Today's Wars is Expensive

Well, that is fine, but at some stage the readership figures have to be converted into solid global advertising or it will no longer be able to afford to produce quality journalism. The mood in the British media world is that a critical moment has arrived: readers are ready to pay. As Donald Trelford, a former editor of the Observer puts it: "Will people pay for sex when they are used to getting it for free? Yes, probably, if they want it desperately enough."

The question than is how desperate are readers for foreign news? What are they willing to pay for? The latest revelations about CSU party findings from the K-H. Schreiber trial? Probably not. The latest testimony from the John Demjanjuk trial? Perhaps. A great deal depends on intuition, on anticipation of reader interest. But reader interest can also be shaped. Readers can be led, can be excited, be persuaded.

Seen from my own perspective as a foreign correspondent for 35 years – rather than as a spokesmen for the Times or the Murdoch empire – there are three core areas of foreign reporting for which readers are willing to pay. The first is the coverage of wars. Reporting today's wars is expensive – the *Times* bureau has been costing us 1.5 million Euros a year, the Kabul office costs four times more than my Berlin operation – and only major news organisations can hope to do it. Independent blogging does not really work from the front unless of course one is in the local civilian population – a handful of Iraqi, English-language bloggers enriched the understanding of the war, its daily stresses.

But they were rare and open to manipulation. Wars are catalysts of change at home, not some distant abstraction. When your own nation's soldiers die, the political class comes under pressure to talk to its citizens, to explain and persuade. In Britain we are waiting to see if German war reporting will now change too, become more accepting of physical risk, as the country engages more thoroughly in Afghanistan. War reporters have always made an impact on British politics, from the days of William Russell, the *Times* correspondent in the Crimean war whose reporting forced a radical overhaul of the hospital and nursing systems.

Wars, at least in their early phases, now attract huge online audiences. More than that, there is a duty to uncover the methods of war fighting and to hold governments to account: the Gaza war, for example, which the Israelis would clearly have liked to keep quiet, quick and surgically clean. Like all wars, it was a mess and needed to be witnessed. American online readers accessed British newspaper sites because they believed the US press to be too biased in favour of George W. Bush. Would they have paid for this access? I think so: it was regarded not as a luxury but as essential information.

Where is the Moral Spine of the Blogosphere?

Intellectually-grounded, politically aware and observant war reporting has always been one of the qualities that separate the serious press from the boulevard. This sense that there is a moral obligation to witness and analyze, rather than just comment on human conflict is also what distinguishes the old printed press from the web. Where is the moral spine of the blogosphere? It is easy and cost-efficient to criticise bungling generals. But these views only gain weight if they are backed by the authoritative (and expensive) reporter on the ground. Just as readers are willing to pay for articles about women's health, so too are they ready to fork out for information about a fast-moving war.

The second area of privilege for traditional foreign reporters is covering humanitarian disaster. With almost military logistics, the US networks managed to dispatch camera teams to Haiti even before the first rescuers arrived. Foreign correspondents from the printed press were competing against images that were already being transmitted into living rooms. But the reports I have read – not least in the German press – have been far deeper than anything on television. Simple reason: television cameras cannot smell the dead. That has to be the work of a writer.

Haiti is being hailed as the first online catastrophe. Neither the Asian tsunami five years ago, nor Hurricane Katrina had the cross-platform impact on society: the cash raised by twitter; the mobile phone information communities. Yet it is the witnessing that counts. When the TV teams have gone (and they are already packing their bags) it will be the printed press that stays, that addresses and keeps alive the curiosity of readers. Will readers pay for that? I think they will.

Finally, foreign correspondents have to be embedded in closed societies. When Iran restricted access to foreign reporting of anti-regime demonstrations, hundreds of students twittered, e-mailed and took revealing pictures with their Handys. It was hailed as a modern revolution. Except that it wasn't, was it? Had the foreign reporters been allowed to stay, given muscle and context to the diffuse reports from the street, then the regime could well have cracked by now. There is a reason that the Mullahs expel foreign correspondents: they are rightly seen as dangerous to a police state. And the web recognises the fact.

Who do we trust to deliver?

No amount of blogging out of the apartment of a Tehran student can substitute for a reporter asking embarrassing questions on the spot and making trouble. The only time that I ever increased the circulation of the *Times* was in the winter of 1981–82 when

I smuggled my articles out of martial law Poland. I used to hang around Warsaw railway station like a pimp accosting passengers and asking them to post my articles to the *Times* as soon as they reached West Berlin. Readers saw this as privileged information – and worth paying for. Will people pay for this kind of information nowadays from Zimbabwe, from Burma, from the Chinese provinces? Again: I think so.

The traditional staff of foreign correspondents in Paris, Berlin, Madrid, Rome will disappear; the money saved will be devoted to wars, revolutions and disasters. They will be replaced by freelancers, earning peanuts and writing about Knut. Only the business press will be spared.

Foreign correspondents – and we all have to convince our editor of this – are not luxuries; they are the beating heart of a newspaper's commitment to an open society. The fact that readers will have to pay fort he reporting is not a way of excluding the poor form access to information, rather it is a gesture of trust, a compact between a reader who understands the value, and the price, of eyewitness reporting, and a newspaper that guarantees quality and fairness.

When the *Times* first came out in 1785 it cost 2 1/2 pennies. In those days they used to say you could get "drunk for a penny, dead drunk for two pennies". By that measure, newspapers have become relatively cheap (the *Times* now costs less then a glass of lukewarm beer). Charging for internet access to the paper should not be seen as an infringement of freedom but rather a rational consequence of the debate about the value of information.

Foreign news may seem to be increasingly marginal to the under 25s, but it has never been so vital to the shaping of personal identity. What do we believe in – and is it worth fighting for? Where do our global responsibilities begin and end? How can we make informed choices about our national future without understanding the worries of other nations? How do we get this information? Who do we trust to deliver it? And what is it worth?

Pech gehabt, versendet sich

Wer sich vom medialen Gebläse überföhnen lässt, kann Entscheidendes verpassen. Denn Vielfalt bedeutet nicht immer Qualität.

Von Anja Reschke

© NDR

Anja Reschke, Jahrgang 1972, seit 2001 Moderatorin des ARD
Politmagazins *Panorama* und des NDR Medienmagazins *Zapp*.
Sie ist auch als Autorin tätig für *Panorama* und *Panorama – die
Reporter*. Für den *Panorama*-Beitrag »Politiker und die Zweitwoh-
nungssteuer« wurde sie 2001 mit dem Axel Springer Preis für
junge Journalisten ausgezeichnet.

Wozu noch Journalismus? Eine merkwürdige Frage. Weil man bei uns nicht erschossen wird, wenn man Machthaber kritisiert, sondern im blödesten Fall eine Gegendarstellung kassiert. Ein Blick auf die Verhältnisse in Russland, China, dem Iran oder all den Ländern, die in der Pressefreiheitsstatistik weit hinter uns liegen, würde wohl reichen, um diese Frage ganz einfach zu beantworten:

Für den Erhalt unserer Demokratie! Klingt zu banal?

Als *Panorama* anfing zu senden – 1961 – war kritischer Fernsehjournalismus in Deutschland unbekannt. Das Fernsehprogramm bestand in erster Linie aus seichtem Tanzgeplänkel und schmonzettigen Heimatfilmen. Und mittenrein platzte *Panorama: Jetzt wollen wir uns mal ein bisschen mit der Regierung anlegen* – eine der berühmtesten Moderationen von Gert von Paczensky.

Die Regierung, das war damals Konrad Adenauer, fand eigentlich nicht, dass es dem Fernsehen und seinem neugegründeten Magazin in irgendeiner Weise zustände, sie zu kritisieren. Was die Journalisten aber mitnichten einschüchterte, sondern im Gegenteil noch anspornte. Obwohl Politiker wirklich alles versucht haben, um die unliebsamen Journalisten loszuwerden. Über die Besetzung von Rundfunkräten nach der Farbenlehre konnte man wunderbar über die Personalpolitik in die Sender hineinregieren. Mancherorts kann man das bis heute.

Vermutlich würden einige Politiker im heutigen Berlin den kritischen Journalismus im Fernsehen immer noch gerne abschaffen, vor allem dann, wenn er die eigene Person oder Partei betrifft. Wenn es allerdings um die gegnerische Fraktion geht, freut man sich doch. Das jedenfalls hat mir kürzlich Günther Beckstein bei den Dreharbeiten zum 50-jährigen *Panorama* Jubiläum gestanden. Was wäre also passiert, hätten sich Adenauer und seine Mannen damals durchgesetzt? Sie hätten nicht nur *Panorama* abgeschafft, sondern den *Spiegel* gleich mit. 1962 wurde Augstein verhaftet, die Redaktion durchsucht und für einige Zeit lahmgelegt – die berühmte *Spiegel*-Affäre.

Ohne kritischen Begleitjournalismus würden wir also immer noch denken, der *Spiegel* habe Landesverrat begangen und Franz Josef Strauß sei ein doller Kerl, weil er das ja aufgedeckt hat. Der baden-württembergische Ministerpräsident Hans Karl Filbinger hätte nie zurücktreten müssen, denn die Öffentlichkeit wüsste nichts von Todesurteilen, die er in der Nazizeit kurz vor Ende des Krieges noch unterschrieben hat. Flick wäre als unbescholtener Milliardär gestorben. Helmut Kohl könnte sich bis heute in Ruhe in seiner deutschen Einheit sonnen, ohne den hässlichen Schatten der CDU-Spendenaffäre. Niemand würde – um mal ins Heute zu springen – Guido Westerwelle wegen seiner Flugbegleitung auf die Nerven gehen. Ja, für viele wäre es ruhig geblieben – ohne Journalismus.

Aber genau das Vertrauen darauf, dass die meisten Schweinereien irgendwann doch ans Licht kommen, macht die deutsche Demokratie so stark. Von daher kann man es nur begrüßen, dass sich viele neue Formen des Journalismus gebildet haben. Je mehr gesucht wird, desto mehr kommt auch zu Tage. Man kann zum Beispiel schön beobachten, wie hilflos manche Unternehmen auf Blogeinträge reagieren, die Produkte oder Geschäftsgebaren kritisieren. In Windeseile verbreiten sich diese Blogs im Netz, unmöglich, selbst für die perfekteste PR- und Presseabteilung dagegen anzukommen.

Die Möglichkeit der Information hat sich allein in den letzten zehn Jahren derartig vervielfacht, dass jeder zu jedem Thema bestens informiert sein kann. Die Betonung liegt auf »kann«. Denn je mehr verbreitet wird, desto mehr Mist ist auch darunter. Vielfalt bedeutet eben nicht immer auch Qualität. Welche Information ist wertvoll, wer filtert, wer bewertet, wer gewichtet? Wer sich nur überföhnen lässt vom allgemeinen medialen Gebläse, kann Entscheidendes verpassen oder sogar völlig falschen Behauptungen aufsitzen.

»Liebe Presse: ich weiß doch auch nichts von dem Verrückten …«

Nehmen wir mal ein mediales Großereignis des letzten Jahres. Der Amoklauf von Winnenden. Wahrlich keine Sternstunde des Journalismus. Dass überhaupt etwas passiert war im baden-württembergischen Städtchen, erfuhr die Welt nicht von recherchierenden Reportern, sondern über *Twitter*. Der Internet-Kurznachrichtendienst, in dem sich jeder ausmähren kann, allerdings nur in 140 Zeichen: »*ACHTUNG: In der Realschule Winnenden gab es heute einen Amoklauf, Täter angeblich flüchtig – besser nicht in die Stadt kommen!!!!*« (Internetauszug 2009 *Twitter*, von tontaube am 11.03.2009).

Wie wunderbar – Quelle und Augenzeuge in einer Person. Man musste als Reporter nicht mal telefonieren, geschweige denn vor Ort sein, um zu recherchieren. Kurze Nachricht reicht. Kein Wunder, dass »tontaubes« *Twitter*-Postfach binnen kürzester Zeit überquoll. »tontaube« (wer auch immer das ist) jedenfalls reagierte *Twitter*wendend: »*Liebe Presse: ich weiß doch auch nichts von dem Verrückten …*«. Also musste man doch hinfahren, an den Ort des Geschehens, sich selbst ein Bild machen. Und hier wird die Pflicht zur Kür, auch aus so einer Anreise lässt sich ja schon was rausholen: »*Focus-Reporter passieren erste Straßenkontrolle*« (Internetauszug 2009 *Twitter*, von *Focus*) erfuhren wir also von den ebenfalls im Netz twitternden Nachrichtenreportern. Und ihr Chef habe das Geld »*für zwei Zahnbürsten freigegeben.*« Gott sei Dank, um die Mundhygiene von *Focus* musste man sich also schon mal keine Sorgen machen.

Wer hat hier wen verblödet?

Vor Ort angekommen, zeigte sich aber erst, was wahre Reporterkunst ist. Live und in Farbe bei *RTL Punkt 12* kräht die jugendliche Reporterin: »*Es ist kaum zu beschreiben, was hier vor Ort gerade abgeht. Es ist Wahnsinn, hier blinken die Lichter. Es heißt sogar, dass der Täter hier vor Ort noch um sich springen könnte. Man hat nicht erwarten können, dass ein solches Großereignis hier heute eintritt. Es ist hier ein Chaos vom Feinsten!*« (Sendungsausschnitt *RTL Punkt 12* vom 11.3.2009) Chaos vom Feinsten. Vielen Dank!. Das richteten allerdings die daheimgebliebenen Journalisten genauso an. Denn erst bei der Suche nach dem Täter zeigte sich, wozu vermeintliche Recherche fähig ist.

Tim Kretschmer – der Name des Amokläufers ist bereits überall bekannt – allein es fehlen ein Bild und ein paar Hintergrundinformationen. Kein Problem für den modernen Journalisten: Einfach schnell *Google, Facebook, Xing* und sonstige Netzwerke gecheckt, schon weiß Deutschland, dass Tim Kretschmer IT-Fachmann und gerade in der Ausbildung ist. Auch ein Foto ist schnell heruntergeladen – 1, 2, 3, schon hat der Täter ein Gesicht. Leider das falsche. Der Tim Kretschmer, der in Internetportalen und sogar manchen Zeitungen erscheint, ist nicht Tim Kretschmer. Er heißt nur so wie der Schütze aus Winnenden. Pech gehabt, versendet sich.

Dass all diese gruseligen Verfehlungen einiger Branchenmitglieder ans Licht kamen, ist vor allem einem zu verdanken: dem Journalismus. Und zwar dem Journalismus, der sich noch die Mühe macht zu hinterfragen. All die hier genannten Zitate stammen zum Beispiel aus einem Beitrag des NDR-Medienmagazins *Zapp*, der das *mediale* »Chaos vom Feinsten« untersuchte. Womit die Frage: »Wozu noch Journalismus?«, eigentlich schon beantwortet wäre. Genau dazu.

Eine ganze Regierung erschüttern mit der Kraft der Recherche

Was das Beispiel ebenfalls zeigt: Es gibt massive Defizite. Das wurde in dieser Essay-Reihe auch schon hinreichend beschrieben. Aber warum nur? Liegt es an den Reportern? Grundsätzlich würde ich so gut wie jedem Journalisten unterstellen, dass sein Arbeitsziel nicht unbedingt ist, Menschen vorschnell, falsch oder überhaupt nicht informieren zu wollen. Wer anfängt in diesem Beruf, hat vielleicht sogar den Traum der ganz persönlichen Watergate-Enthüllung (auch wenn vielleicht die wenigsten noch wissen, was das wirklich war).

Wer wäre nicht gern Mikael Blomkvist, der Reporterheld aus Stieg Larssons Trilogie? Der eine ganze Regierung erschüttern kann, nur mit der Kraft der Recherche. Recht schnell merkt man in der Praxis, dass sich so ein Knaller nicht so einfach herstellen lässt. Also macht man als Jungreporter erst mal das, was Redaktionsleiter von einem verlangen: Schnell und möglichst billig etwas ins Blatt oder auf Sendung zu bringen. Dass das Internet hier eine große Verlockung ist, kein Wunder. Dass Recherche Zeit und damit auch Geld kostet, die sich kaum einer leisten will, gibt's als frühe Lehre gratis dazu.

Liegt es also an den Redaktionsleitern? Ja, auch. Wer immer nur auf Quote und Auflage schielt, bedient sich lieber im schnellen Boulevard, als in der langwierigen Recherche. Übernimmt halt lieber mal eine kostenlose PR-Geschichte, als selbst jemanden hinzuschicken. Alles bekannt. Lässt sich auch alles problemlos bemängeln, wenn man nicht derjenige ist, der aufs Geld schauen muss. Was hilft es, wenn man zwar tolle Geschichten hat, die dann aber keiner sehen oder lesen will?

Also hat der Leser oder Zuschauer Schuld. Hier allerdings stellt sich gleich die alte Henne-und-Ei-Frage. Wer hat hier wen verblödet? Waren es wir Medien, die mit immer schnelleren, unsauberen Geschichten und immer lockerer Unterhaltung die Zuschauer- oder Leserschaft langsam verseicht haben oder ist das allgemeine Niveau so gesunken, dass niemand mehr ordentlichen Journalismus aushält. Oder zumindest dafür bezahlen will?

Meine Güte, was war das Fernsehen früher gehaltvoll, wird mir oft entgegen geschmettert. Ja, sicher. Das kann man leicht sagen. Klar konnte *Panorama* vor 50 Jahren Interviews mit Politikern in ungeschnittenen 20 Minuten senden. Da war der Erkenntniswert möglicherweise größer als in den heute üblichen 30-Sekunden-Häppchen. Aber mal ehrlich, möchten Sie heute in *Panorama* auch nur 5 Minuten ein durchgängiges Gespräch mit beispielsweise Dirk Niebel, Olaf Scholz oder Roland Koch sehen?

Magazinbeiträge in epischen Längen, Interviews mit kryptischen Fragen konnte man leicht senden, wenn es nichts gab, wohin man mit der Fernbedienung ausweichen konnte. Aber versuchen Sie heute mal das Thema kalte Progression oder Gesundheitsfond publikumsattraktiv und fernsehgerecht aufzuarbeiten. Da fällt Ihnen bildlich erst mal nicht viel ein. Wer quält sich – angesichts dutzender attraktiv vorgekauter, unterhaltsamer Gegenprogramme noch durch ein argumentativ aufgebautes Magazinstück?

Erhobenen Hauptes aus der Masse herausstechen

Erfreulicherweise tun es noch einige Menschen. Und zwar gar nicht so wenige. Allerdings muss man sich heute sicher mehr Mühe geben, das Interesse auch beim ungeduldigen Publikum mit ständigem Umschaltimpuls zu wecken. Aber genau das ist die

Herausforderung. Die Skandale, die Probleme sind ja nicht kleiner geworden. Sie verstecken sich nur besser im großen medialen Trara. Es gibt guten Journalismus. Nicht nur in den klassischen Print- und Fernsehmagazinen. Auch Regionalzeitungen oder Nischensendungen haben oft tolle Geschichten. Man muss nur einfach mehr suchen.

Vielleicht steckt in der Krise auch eine Chance. Vielleicht wird sich alles nur neu zurecht rütteln. Es wird weniger Qualitätsprodukte geben, aber die können dann erhobenen Hauptes aus der Masse herausstechen. Wir können nicht alle alles machen. Die aktuelle Berichterstattung wird sich aufs Internet konzentrieren. Das läuft an Schnelligkeit allen anderen Verbreitungsformen den Rang ab.

Das jüngste Video über amerikanische Soldaten, die auf offener Straße aus dem Hubschrauber heraus Menschen erschießen, darunter auch zwei Journalisten von Reuters, wurde der Internetplattform *Wikileaks* zugespielt. Und keinem Fernsehsender und keiner Zeitung. Das ist nur logisch. Denn nur so konnten es viele Menschen weltweit sehen. Und zwar gleichzeitig. Sehr demokratisch. Aber die Schnelligkeit des Internets ist ja auch genau seine Schwäche. Weder hält man beim digitalen Lesen lange Strecken durch, noch ist man bereit für eine differenzierte Argumentation. Da können wieder Zeitungen und Magazinsendungen punkten. Auch in Zukunft. Hoffe ich jedenfalls.

Papier ist geduldig, der Leser ungeduldig

Mit Multitouch-Geräten wie dem iPad könnte bald eine neue Architektur des Journalismus' entstehen. Der PC ist ein Auslaufmodell.

Von Peter Littger und Lukas Kircher

© KircherBurkhardt

Peter Littger, Jahrgang 1973, ist Editorial Director der Medienagentur KircherBurkhardt in Berlin. Zuvor war er Medienredakteur der *Zeit* und Gründungsredakteur von *Cicero* und *Park Avenue* sowie Redaktionsleiter Corporate Publishing der Gruner+Jahr Wirtschaftsmedien.

Lukas Kircher, Jahrgang 1971, ist Gründer und geschäftsführender Gesellschafter der Medienagentur KircherBurkhardt in Berlin. Als Zeitungsdesigner hat er das Gesicht von vielen Zeitungen geprägt und unter anderem auch die *Frankfurter Allgemeine Sonntagszeitung* gestaltet.

Natürlich ist es falsch, Journalismus pauschal als Auslaufmodell zu diskreditieren. Journalismus teilt schließlich nicht das Schicksal von Waschbrettern, Wählscheiben oder Warenhäusern. Journalismus ist nicht wie VHS-, Beta Digital- oder DAD-Kassetten. Journalismus ist so elementar wie Luft – und auch sie ist nie ganz rein, nie ganz unverfälscht. Mal übel riechend, mal wohltuend und heilsam. Niemand würde fragen: Wozu noch Luft? Bloß, weil es irgendwo stinkt oder weil einem mal die Luft ausgeht.

Grundsätzlich ist Journalismus dazu da, der Gesellschaft einen Spiegel vorzuhalten. Auch in Zukunft wird er diese Aufgabe haben, daran haben wir keinen Zweifel. Doch ein Spiegel, der nicht reflektiert, ist wertlos. Ein Spiegel weist auch in die Tiefe des Raums. Journalismus, der wie ein Spiegel sein soll, darf also nicht matt sein und muss viele Tiefen sichtbar machen. Der Journalismus von heute wirkt dagegen oft matt und wenig tief. Das führt zu Gleichförmigkeit, Angepasstheit, und letztendlich Langeweile.

Nun wollen wir hier nicht ins Horn sozialpessimistischer Medienkritiker stoßen und die Arbeit der Redaktionen und Verlage pauschal verurteilen. An ihrem Recherchefleiß und ihren vielen guten Geschichten gibt es gar nicht so viel auszusetzen. Wir kritisieren die Wahl der Instrumente. Journalismus könnte nämlich vielfältiger, reizvoller und herausfordernder sein, wenn er nicht so zweidimensional wäre. Eine wichtige Ursache für das Problem liegt im Papier. Journalismus, der auch in Zukunft als Spiegel funktionieren will, sollte sich deshalb schnell und konsequent vom Papier lösen. Durch die neuen Tablet-Computer wie das iPad besteht die Chance, dass dieser Ablösungsprozess rasch und zur großen Freude aller Beteiligten gelingen könnte.

Viel Text auf großen Papierseiten

Papier sei geduldig, lautet ein alter Spruch. Gleichzeitig werden die Leser immer ungeduldiger. Sie haben oft einfach keine Lust mehr viele Seiten Journalismus auf Papier zu lesen. Und sie haben noch weniger Lust, Journalismus auf Bergen von Papier zu kaufen, diese dann nicht zu lesen und sie danach auch noch wegwerfen zu müssen (und dabei ein schlechtes Gewissen zu haben, weder gelesen noch der Umwelt etwas Gutes getan zu haben). Und wer noch über genügend Lust verfügt, hat seine Zeitungsseiten manchmal so oft zwischen U-Bahn und Büro, Büro und U-Bahn, U-Bahn und Zuhause geknickt und eingesteckt und dann wieder herausgeholt, dass sie gar mehr lesbar sind. Wozu noch Journalismus? Nicht, um einfach kaputt gefaltet zu werden.

Richtig viel Text auf großen Papierseiten lesen zu können, heißt Zeit – und Platz – zu haben. Sich konzentrieren zu können. Und imstande zu sein, über viele Absätze argumentativ einem Punkt zu folgen, den ein Autor machen möchte. Bevor das gelingt, fallen vielen Menschen eher die Augen zu. Es ist kein neuer Befund, dass es eine breite Aufmerksamkeitsmisere gibt. Zwar wissen wir nicht, wie viele journalistische Texte ungelesen bleiben, aber wir wissen wohl, dass Journalismus als sehr anstrengend empfunden wird – übrigens auch von vielen Journalisten selbst, die deshalb am liebsten nur sich selber lesen oder googeln.

Trend zu Informationsschnipseln

Ein weiteres Problem, das durch die Aufmerksamkeitsmisere gefördert wird, ist der Trend zu Informationsschnipseln. »Abstracts« und »Executive Summaries« sind deshalb sehr beliebt. Die so genannten Informationseliten buchen Clipping-Dienste, die alles vor- und das Unerwünschte aussortieren. Und am Ende dominieren die Schnipsel und Fragmente von Information. Dafür gibt es viele abfällige Namen: Häppchenjournalismus, Newsbites- oder (gar nur noch) Soundbites-Journalismus und die für viele Zeitungsredakteure geradezu apokalyptisch anmutende »Entwortung«. Wir nennen es einfach nur die »Clipping Culture«.

Andererseits wünschen sich die Menschen, ihr spezifisches Wissen zu vertiefen – Soziologen sprechen vom Trend des »Knowledge Enhancement«. Gleichzeitig wird zu viel Wissen – vor allem von notorisch Halbgebildeten – als überflüssig empfunden. Der Zeiteinsatz für das Lesen wird gemessen daran, ob es sich lohnt. Allgemein informiert zu sein, eine Art allgemeinen Themenspeicher (mit sich) zu führen, also im guten bürgerlichen Sinne allgemeingebildet zu sein, mag sich nützlich im Smalltalk auszahlen, ist aber in Smartphone-Zeiten beinhahe überflüssig. Alles kann auf dem Iphone sofort nachgeschlagen und eingeordnet werden.

Mit der Aufmerksamkeitsmisere, der Clipping Culture und dem gleichzeitigen Bedürfnis nach Wissensvertiefung müssen Redaktionen umzugehen, ja, geradezu spielerisch umzugehen lernen. Journalismus darf an diesen vermeintlich gegenläufigen Trends nicht verzweifeln, sondern er sollte selbstbewusst versuchen, die Menschen damit einzufangen. Journalisten sollten Schnipsel und Häppchen nicht verdammen, sondern sie vielmehr verdammt ansprechend machen. So kann ihre Arbeit eingängiger werden. Die Menschen wünschen sich einen besseren Zugang zu Themen und mehr Eindringlichkeit.

Zur Verteidigung des Papiers, das auch weiterhin gute journalistische Zwecke erfüllen kann, muss gesagt werden, dass die Grenzen seiner Zweidimensionalität erst durch die digitale Entwicklung der vergangenen zehn bis fünfzehn Jahren deutlich geworden sind. Eine gedruckte Zeitung mit einer hervorragend gemachten Version derselben Zeitungsmarke auf dem iPad zu vergleichen, ist noch viel krasser als ein Waschbrett an einem internetgesteuerten Waschvollautomaten zu messen.

Der PC ist ein Auslaufmodell

Eigentlich erleben wir nicht den Trend, dass sich der Journalismus vom Papier löst, sondern von einer über Jahrhunderte entwickelten, spezifischen Zweidimensionalität, in der ein Artikel immer neben einem anderen Artikel stand. Die zweidimensionale Architektur des Journalismus hat es auf Papier unmöglich gemacht, Texte beliebig miteinander zu verbinden.

Und auch der Journalismus auf dem PC (auf Browser-Seiten) weist dieses Problem noch auf. Dort sind Links möglich, parallele Einbettungen von komplexeren Inhalten aber oft nicht – nicht zuletzt, weil das auf dem Bildschirm nicht lesefreundlich wäre. Der Personalcomputer, den wir nun alle so gut kennen, wird den Journalismus deshalb auch nicht wesentlich weiterbringen. Zugegeben, es klingt noch etwas arg horxisch, aber der PC, egal ob DOS oder Mac, egal ob als Laptop oder unterm Tisch, ist ein Auslaufmodell. All diese Gerätschaften, so schick sie auch ausschauen mögen, sind komplex und sperrig und warten auch auf ihre Ablösung. Das hat mit ihrer Prothesenartigkeit zu tun. Bildschirme, Computermäuse, Trackpads, Trackballs, Pfeil- und Funktionstasten – diese Armada umständlicher Bedienhilfen führt uns nicht direkt heran an die Inhalte, sondern hält uns in Wahrheit immer ein Stück auf Distanz.

Es ist deshalb eine falsche Annahme, dass ausgerechnet jener auslaufende Computer die werbefinanzierten Zeitungen (oder TV-Programme) ablösen wird. Wie viele Experten haben uns schon erklärt, dass der Computer mithilfe des Internet den klassischen Medien den Garaus macht, indem man die URL einer beliebigen Medienmarke in einem Browserfenster öffnet, um dort am Bildschirm den Journalismus ebendieser Medienmarke zu genießen? Gleichzeitig äußern viele Menschen Skepsis, wenn sie gefragt werden, ob sie das mögen. Sie beschreiben dann ihre positiven Gefühle für gedruckte Medien: Ich mag Papier. Oder: Ich brauche sonntags Druckerschwärze an meinen Händen. Fehlt nur, dass sie sagen: Ich finde es toll, meinem Nachbarn in der Business Class versehentlich einen Kinnhaken zu verpassen, wenn ich die FAZ aufschlage. Uns verwundert es nicht, dass Journalismus auf dem gewöhnlichen Computer keinen großen Spaß bereitet. Internetseiten sind statisch und relativ unübersichtlich.

Was immer übersehen worden ist: Nicht der Journalismus ist das Auslaufmodell – sondern das Geschäftsmodell dahinter, also die Art, wie der Journalismus generiert und verbreitet wird und wie die gedruckten Medien und auch das Fernsehen damit ihr Geld verdienen. Vor lauter Panik – und durch die Bank – haben die Verlage den Fehler gemacht (von TV-Sendern ganz zu schweigen), dort zu sparen, wo sie am meisten Geld ausgeben: in den Redaktionen.

Als beliebig skalierbares Produkt missverstanden

Der Journalismus ist in den letzten Jahren massiv gequält, kastriert und geopfert worden, zugunsten von Suchmaschinenoptimierung, (irrwitzigen) Montetarisierungstheorien und der so genannten Content-Wiederverwertung. Journalismus ist lange als beliebig skalierbares Produkt missverstanden und im Denglisch der Manager als »Content« missbraucht worden. In der Not ist das verständlich, jedoch am Ende ist es fatal. Wenn Zeitungen sterben und Werbespots ausbleiben, ist es richtig und angemessen, sich Sorgen um den Journalismus zu machen. Es ist aber nicht folgerichtig ihn in Frage zu stellen.

Der Journalismus wird wieder notwendiger, je mehr sich die Medien wieder auf ihn konzentrieren können, weil sie die Probleme gelöst haben, die ihre Geschäftsmodelle gefährdet und wohl auch in Teilen auch zerstört haben: das teure Papier, der teure Druck, der teure und komplizierter Vertrieb, die zunehmend unattraktive und immer billiger werdende Anzeigenwerbung, und das nicht wirklich in Gänge kommende Internet plus Personalcomputer als die große Alternative zu alldem.

Wir sind fest überzeugt, dass sich vieles mit der neuen Generation von Geräten mit intuitiven Steuerungsmöglichkeiten zum Guten verändern wird. Jeder Tag, den wir mit der Entwicklung von Anwendungen für das iPad verbringen, verstärkt den Eindruck, dass Journalismus wieder viel Spass machen wird. Manchmal kommt es uns so vor, dass die Entwicklungsprojekte für die Verlage in den vergangenen Jahren den einen Sinn hatten, uns auf das vorzubereiten, was wir heute schaffen: eine Mischung aus Fernsehen, Print und Computerspiel. So gewinnt der Journalismus ans Reflektionsstärke und an Tiefe.

Die neuen Technologien verlangen einen neuen Premium Journalismus. Es wird in Zukunft mehr denn je in der Darstellung auf Tiefe ankommen. Damit ist nicht (nur) journalistische Fundiertheit im allgemein anerkannten Sinne gemeint, sondern vielmehr eine breite, vielseitige Darstellung von Themen auf unterschiedlichen Ebenen: Text, zusätzliche Informationen, Grafiken und Animation, Fotos, Filme. Es ist eine Hoffnung zu spüren, dass gründlich recherchierte, faszinierend formulierte und reichlich eingängige Inhalte bald wieder eine Konjunktur erleben könnten.

Der iPad-Arm wäre eine Gefahr

Das iPad macht Schluss mit dem pseudo-effizienten Maus-Klicken durch die Untermenüs unserer Personalcomputer. Es ermöglicht uns wieder das explorative Wühlen in Inhalten mit unseren Händen und Fingern – so wie wir es aus den Spielzeugkisten unserer Kindheit kannten und liebten. Wie oft haben unsere Kinder verzweifelt auf Computer- und Laptopbildschirmen herumgetippt und sich gewundert, dass dort nichts passiert. Das iPad verstehen sie sofort. Alleine das verschafft diesen neuen Computern einen sicheren Platz in der Kommunikationsgeschichte.

Die neuen Multitouch-Geräte könnten Journalismus also plötzlich – neben vielen anderen Reizen – zu einer großen Sache machen. Vielleicht zu einer größeren Sache als es der Journalismus jemals war. Wer schon einmal eine Ausgabe von Magazinen wie Time für das iPad erlebten konnte, wird schlicht fasziniert sein. Zwar hat das Gerät noch ein gravierendes Problem, das man nicht ignorieren darf. Während das Iphone wie ein Stück Seife war, das einem gerne aus den Händen glitt, verschafft das iPad durch zu langes und festes Halten einen Handkrampf, der zu einer neuen Form des Tennisarms führen könnten: Der iPad-Arm wäre eine Gefahr für das Produkt.

Doch inhaltlich bietet das Gerät gigantische neue Möglichkeiten für Fotografen, Grafiker, Journalisten, Werber – und am Ende für auch das Publikum. Es ist die intuitive Steuerung, mal per Fingerstreich, mal durch Tippen, mal durch Drehen, mal durch Schütteln, die eine neue Architektur des Journalismus hervorbringt. Sie macht die Inhalte auch sinnlicher, unmittelbarer. Verlage werden mit diesem Journalismus und mit vielen neuen Diensten (endlich) mehr Geld verlangen können. Und die Menschen werden bereit sein Geld dafür zu zahlen.

Es ist leicht vorstellbar, dass Journalismus schon bald, in zehn bis fünfzehn Jahren, zum einzigen Differenzierungsmerkmal der Verlage wird. Dann geht es nicht mehr um Papier, um Druck, um Vertrieb. Dann geht es darum, wessen Inhalte am besten reflektieren und Tiefe aufweisen. Gnadenlos könnte der Wettbewerb werden zwischen jenen, die sich tot gespart haben oder an der Langeweile in ihren Redaktion ersticken und denen, die einfallsreich, schnell und reichhaltig sind. Oder einfach gesagt: die uns mit ihrem Journalismus packen.

Philosoph und Spürhund

Bei aller Diskussion vergisst man immer wieder das Publikum. Dennoch dürfen sich Journalisten nicht zu sehr an dessen Erwartungen orientieren. Eine Gratwanderung.

Von Hans Leyendecker

© Walter Korn

Hans Leyendecker, Jahrgang 1949, leitet das Ressort »Investigative Recherche« bei der *Süddeutschen Zeitung.* Zuvor war er von 1979 bis 1997 für den *Spiegel* tätig. Für seine Arbeit erhielt er zahlreiche Preise, unter anderem den Gustav-Heinemann-Bürgerpreis und den Erich-Fromm-Preis.

»Tief ist der Brunnen der Vergangenheit. Sollte man ihn unergründlich nennen?« So beginnt Thomas Mann den Roman Joseph und seine Brüder, in dem er der Geschichte der Stammväter nachgeht. Jeder von uns hat heute seinen eigenen Brunnen. Das Wasser kommt aus der Wand; die neuesten Nachrichten, die man sich früher am Dorfbrunnen erzählte, aus den Hörfunk- und Fernsehkanälen oder aus der Zeitung. Aber die Bildersturzbäche, die täglich über die Bürger hereinbrechen, begraben seltsamerweise oft Informationen.

Dieses und jenes, alles Mögliche und Beliebige wird möglichst tabufrei unter die Leute gebracht. »Die Kolportage ersetzt die Reportage und Sensationshascherei und Exklusivitis prägen das Tagesgeschäft«, hat der verstorbene Bundespräsident Johannes Rau mal gesagt. Ans Ohr dringt oft eine Geräuschkulisse aus Wörtern und Tönen, die ihre Inhaltslosigkeit durch Aufdringlichkeit ersetzen. Laut geht es zu, unüberhörbar laut.

Redlich und kundig informieren

Wozu also noch Journalismus? Weil bei all dem Getöse jemand das Wichtige vom Unwichtigen trennen muss, das Interessante vom Belanglosen. Unabhängig sein, den Bürger redlich und kundig informieren, ihm Orientierung bieten in einer immer verworreneren Welt – das alles ist Aufgabe des Journalismus. Überprüfbare Stoffe von gesellschaftlicher Relevanz müssen von Handwerkern abgeliefert werden, deren Autorität auf den Säulen Kenntnis und Urteil ruht. Neugierde und Geduld, Unbefangenheit und Kenntnisse und natürlich Zähigkeit gehören zum Handwerkszeug.

Als Henri Nannen mal von einem NDR-Reporter gefragt wurde, ob er »für Lieschen Müller schreiben« wolle, antwortete der *Stern*-Gründer: »Ich bin Lieschen Müller.« Nannen war ein journalistischer Perfektionist. Er wollte wissen, was wirklich ist, und wenn ihm dabei ein Teil des vorurteilsgeneigten Publikums nicht folgen mochte, war das für ihn sogar eine Auszeichnung.

Akzeptiert das Publikum Wahrheitssuche?

Bei allen Fragen nach den Bedingungen für guten Journalismus wird oft das Publikum außer Acht gelassen. Akzeptiert der Zuschauer, Hörer, Leser eigentlich den Zweifel oder will er nur durch das Gesendete, Gehörte, Gelesene in seiner Vermutung (wie das alles auf der Welt so ist) bestätigt werden? »Der schreibt, was ich denke – guter Mann.« Schreibt einer deshalb, um zu gefallen? Akzeptiert das Publikum Wahrheitssuche, wenn das Ergebnis dem eigenen Vorurteil widerspricht?

Warum gilt Uwe Barschel vielerorts noch immer als der Haupttäter in einem angeblichen Waterkantgate-Skandal? Warum wird der Fall Leuna immer noch mancherorts als CDU-Affäre behandelt? Warum können Verschwörungstheoretiker weiter den falschen Verdacht nähren, dass Max Strauß doch Geld von Karlheinz Schreiber bekam?

Und was passiert beispielsweise, wenn bei der Aufdeckung einer ernsthaften Affäre der Reiz der Neuheit verschwunden ist? Der Fall zieht zwar immer weitere Kreise, aber um die Sache und ihren Fortgang zu erklären, muss das schon Gesagte, Geschriebene womöglich noch einmal knapp präsentiert werden. Die Stimmung des Publikums droht dann sofort umzuschlagen: Nicht schon wieder! Man hat ja schließlich noch andere Interessen. Die Erfahrung nach mehr als drei Jahrzehnten in diesem Beruf lautet: Es ist nicht leicht, Leute zu finden, die etwas Neues zu sagen haben. Es ist aber noch viel schwieriger, Leute zu finden, die etwas Neues hören möchten.

Von einer guten Zeitung beispielsweise muss erwartet werden, dass sie sich nicht zu sehr an den Erwartungen der Leserinnen und Leser orientiert. Demokratie braucht Widerspruch, Medien dürfen nicht nur darstellen, was gerade den Leuten gefällt. Diskurs gehört in die Zeitung. Wer Gemeinde sucht, sollte in die Kirche gehen.

Journalisten müssen brennen

Es bleibt bei alledem die Aufgabe des Journalisten, als Anwalt der Bürger deren Urteilsfähigkeit zu stärken. Erkennbare Linien und langer Atem zahlen sich dabei aus. Wenn Journalisten nicht nur harmlose Narren sein wollen, müssen sie brennen.

Ein guter Journalist ist ein Unzufriedener. Niemand, der völlig zufrieden ist, ist fähig zu schreiben. Niemand, der mit der Wirklichkeit völlig versöhnt ist, wird ein guter Journalist werden. »Die Mächtigen sollen wissen, dass sie da draußen von jemandem kontrolliert werden«, hat der wichtigste investigative Journalist, Seymour Hersh, Jahrgang 1937, erklärt, als er gefragt wurde, warum er niemals müde wird. Hinter dieser Antwort steckt die unausgesprochene Feststellung, dass sie da drinnen unzureichend kontrolliert werden. Hersh ist eine Art Sisyphos der Demokratie.

Mischung aus Philosoph und Spürhund

Der Schriftsteller Hans Magnus Enzensberger hat darauf verwiesen, dass jener Sisyphos mehr war als ein Outsider, der in übergroßer Tragik unablässig einen Felsblock einen Berg hinaufwälzte. Enzensberger nennt Sisyphos eine »eine Figur des Alltags« – sehr klug, ein bisschen trickreich, kein Philosoph.

Der Bürger aber, egal ob vorurteilsbeladen oder offen, stellt sich meist den guten Journalisten als eine Mischung aus Philosoph und Spürhund vor, der auf der Suche nach der ewigen Wahrheit ist.

Demokratie basiert auf öffentlichen Prozessen der Willens- und Entscheidungsbildung. Die zentrale Frage dabei ist, wie Medien mit ihrer Rolle als Vermittler zwischen Wirtschaft, Politik und Publikum und mit ihrer Rolle als Kritiker und Kontrolleur umgehen. Die Antwort darauf lautet seit Jahren: eben nicht so autonom und kompetent wie es dem Ideal der politischen Kommunikation in unserer Gesellschaftsordnung entsprechen würde.

Weltweit gibt es einen Wettbewerb um Schlagzeilen und Enthüllungen. Wir leben heute in einer permanenten Gegenwart – ohne Vergangenheit, ohne Zukunft.

Ständig wird eine neue Sau durchs globale Dorf getrieben. Es sind ganze Herden von Schweinen unterwegs und es werden immer mehr. Erstrebenswert scheint manchem nur noch das frühzeitige Besetzen von Themen zu sein, das Anzetteln von Aufregungskommunikation. Die dafür sorgt, dass der eigene Sender, das eigene Blatt von anderen Sendern, von anderen Blättern erwähnt wird. Es werden Statistiken darüber geführt, welches Medium die meisten exklusiven Nachrichten veröffentlicht hat. Statistiken darüber, wie viele dieser Meldungen recycelt oder falsch waren, gibt es leider nicht.

Anbiederungen aus Karrierekalkül

Zwar sind Verallgemeinerungen immer fehl am Platz, aber es gibt die komplizenhaftesten Verstrickungen zwischen Politikern, Wirtschaftsführern, Sportlern, Unterhaltungsstars und Journalisten. Sie reichen von beiderseitigen Anbiedereien aus Karrierekalkül bis hin zu wechselseitigen Instrumentalisierungen für höchst eigennützige Zwecke. Um Geld muss es dabei nicht immer gehen. Der Journalist Kurt Tucholsky stellte fest: »Der deutsche Journalist braucht nicht bestochen zu werden. Er ist stolz, eingeladen zu sein, er ist schon zufrieden, wie eine Macht behandelt zu werden.«

Es gibt viele Spielarten von Bestechung und Bestechlichkeit im Journalismus. Die enge Symbiose, in der viele Reisejournalisten und Reiseveranstalter schon seit Jahrzehnten leben, ist ein Dauerthema für die Journalisten-Seminare. Wenn Verlage sich von Hoteliers, Fluggesellschaften oder Reiseunternehmen zu teuren Trips einladen lassen, ist es schwierig, objektiv zu bleiben. Wer wiederkommen möchte, darf nicht unnett sein.

Auch lassen einige Unternehmen Wirtschaftsjournalisten die Reden für die Hauptversammlung schreiben, über die dann dieselben Journalisten berichten sollen. Gern auch geben Redakteure gestandenen Managern auf Seminaren Tipps, wie sich diese gegen Redakteure wehren können. Redaktionelle Beiträge entpuppen sich nicht selten als pure Werbung, die vom Hersteller oder vom Medium bezahlt werden. Wer Produkte der Pharma-Industrie in der Yellow Press bejubelt, kann manchmal mit fünfstelligen Zusatzhonoraren rechnen.

Guter Journalismus ist teuer. Wer einem freien Journalisten, der von Aufträgen lebt, für eine größere Geschichte 150 Euro zahlt, darf sich nicht wundern, wenn der Kollege manchmal sehr frei ist und sich auch heimlich von Unternehmen ausstaffieren lässt. Korruption kann im doppelten Wortsinn systemimmanent sein.

Kühl und scharf analysieren

Also: Wozu eigentlich noch Journalismus?
Deshalb:

Weil einer gelernt hat, genau hinzuschauen, genau hinzuhören, um im scheinbar Unwesentlichen auch das Wesentliche aufspüren zu können.

Weil ein guter Reporter so viel Distanz zu sich hat, dass er sein erster kritischer Leser ist.

Weil einer die Fähigkeit hat, Sachverhalte kühl und scharf zugleich zu analysieren und in seiner Meinung unbestechlich zu sein.

Weil Exekutive, Legislative und Justiz nicht selten versagen und eine »vierte Macht« dann in die Bresche springen muss, wenn die drei Gewalten versagen.

Weil die in modischen Büchern beschriebene »Weisheit der Vielen« oft nur die Versammlung von Vorurteilen ist und weil ein Außenstehender dann Leuchtturm sein kann. Ein Leuchtturm ist ja auch in den allermeisten Fällen nicht das Ziel des Seefahrers, sondern soll ihm helfen, den Weg zu finden.

Weil das Internet eine Kommunikationsrevolution ausgelöst hat, die als Begleitung Sachverstand und Professionalität braucht.

Weil Datenfülle und Datenverarbeitung in ein vernünftiges Verhältnis gebracht werden müssen.

Weil es weiterhin ein Bedürfnis nach Orientierung gibt.

Weil Journalismus mehr ist als eine Abfolge von Moden dahinwogender Oberflächlichkeit.

Weil Journalismus Service ist.

Weil Journalismus nicht nur ein Geschäft ist.

Wie Schiffe versenken, nur ernster

Journalismus ist die zivilisierteste Form von Widerstand. Doch Suchmaschinen haben ihn verändert: Nachrichten müssen vor allem auffindbar sein.

Von Peter Glaser

© privat

Peter Glaser wurde nach eigenen Angaben »1957 als Bleistift in Graz geboren, wo die hochwertigen Schriftsteller für den Export hergestellt werden. Lebt als Schreibprogramm in Berlin«. Glaser ist Bachmann-Preisträger, Ehrenmitglied des Chaos Computer Clubs und bloggt.

Wenn ich es auf einen Satz reduzieren müsste, würde ich sagen: Die Zukunft des Journalismus besteht darin, herauszufinden, was die vernetzte Maschine nicht kann (und es zu nutzen). Einige Strukturteile des Internet machen der herkömmlichen Art und Weise, Journalismus zu betreiben, erheblich zu schaffen – der Welt größter Werbevermarkter Google zum Beispiel, der statt Seifenopern erfolgreich das Suchen als attraktiven Menschenmagnetismus anbietet; oder nicht ganz 200 Millionen Blogs, digitale Journale, deren Betreiber sich als zumindest Amateurjournalisten sehen; nicht selten sind sie besser.

Googles Geschäftsgeheimnis

Nicht zuletzt werden die herkömmlich von Menschen herangeschafften Nachrichten und Informationen zunehmend auf ein neues Ziel ausgerichtet: Sie sollen nicht mehr in erster Linie für Menschen verständlich und lesbar sein, sondern zuallererst findbar – für die Suchmaschinen. Dadurch beginnen die Texte sich zu verändern.

Es ist ein Spiel wie Schiffeversenken, nur größer und ernster: Da es Geschäftsgeheimnis von Google ist, nach welchen (so viel weiß man: der etwa 200) Kriterien ein Artikel in den Ergebnislisten nach vorn sortiert wird oder unter ferner liefen verschimmelt, wird herumprobiert was das Zeug hält, ob es nicht vielleicht besser ist, Worte, die in der Überschrift vorkommen, noch ein paarmal in den Text zu streuen, und so weiter.

Wie sorgsam gearbeitete Geschenke einem Herrscher wird die journalistische Arbeit der Maschine dargereicht. Denn Google, Inbegriff des digitalen Wandels, scheint immer wichtiger zu werden für das Überleben des Journalismus in einer Zeit, in der jedermann über eine Nachrichtenversorgung verfügt, wie sie noch vor ein paar Jahren nur große Redaktionen mit kostspieligen Agenturtickern hatten; zugleich wird Google gefürchtet und gehasst.

Ende der 1990er Jahre sah ich einen Bericht über die ersten Internet-Aktivitäten im afrikanischen Mali. Ein Wissenschaftler an der Universität in der Hauptstadt Bamako erzählte von den schlechten Telefonverbindungen im Land und wie sich Fernkontakte durch die Möglichkeiten des Internet verbessert hatten.

Dann zeige er ein in der Entwicklung befindliches System von Bildschirmsymbolen, mit dessen Hilfe auch Analphabeten mit einem Computer und dem Internet umgehen können sollten. Mehr als 80 Prozent der 15,5 Millionen Einwohner Malis können nicht lesen und schreiben. Und die Symbole auf dem Bildschirm sollten von allen Mitgliedern der etwa 30 verschiedenen Ethnien des Landes verstanden werden.

Erst fand ich das großartig, dann beunruhigend. Hieß das für die nahe Zukunft möglicherweise, dass ganze Völker gar nicht mehr den Umweg über die Alphabetisierung nehmen, sondern gewissermaßen geradewegs in den Cyberspace eintreten werden?

Mögliche Abschaffung der Schrift

Das Netz stand damals gerade erst ein paar Jahre im Blickpunkt der Öffentlichkeit, 1993 war es vom Himmel gefallen, und es hatte mich als jemanden, der schreibt, mit Verheißungen und Hoffnungen gelockt. Denn das Internet war – und das ist es auch immer noch – ein zum größten Teil textgetragenes, von Schrift und Sprache durchquertes Medium. Die mögliche Abschaffung – oder Überwindung – der Schrift, wie man will, war nun etwas, das nicht nur den Journalismus in seinen Grundfesten bedrohte (obwohl wir spätestens seit dem Vietnamkrieg wissen, dass man mit Bildern sogar einen Krieg verlieren kann, betrachtet der geschriebene Journalismus sich insgeheim als die Königsform).

Ein Ereignis in dieser Zeit, vor allem aber, wie die Welt davon Kenntnis erhielt, brachte den Journalismus der Zukunft aufs Tapet: Der Bombenanschlag in Oklahoma City am 19. April 1995 wurde als Erstes von keinem der herkömmlichen Nachrichtenmedien gemeldet, sondern von Augenzeugen, die, was sie vor ihren Fenstern sahen, sofort in ihre Computer tippten – und zwar in den Internet Relay Chat (IRC), eine der ersten weltweiten Internet-Plaudergelegenheiten.

In einem sofort eingerichteten IRC-Kanal #oklahoma sammelten sich ständig neue Beobachtungen, Informationen und Kommentare. Und als CNN und die anderen zu berichten begannen, war das IRC Teil der spektakulären Neuigkeit. Hier, so hieß es in der Zeit nach dem Ereignis immer wieder, beginne der Weg des Journalismus ins 21. Jahrhundert.

Heute interessiert sich kaum noch jemand fürs IRC (dafür aber für eine verkürzte und beschleunigte Form des Austauschs in dieser Form namens Twitter), und auch die Schrift ist nicht abgeschafft worden zugunsten von Symbolen oder Gesten, mit denen wir uns der digitalen Welt mitteilen. Aber wieder gibt es Untergangsvisionen den klassischen Journalismus betreffend. Soll man abwarten und Tee trinken, bis die Aufregung sich nachmals gelegt hat und die nächste Sau durchs globale Dorf getrieben wird?

Diesmal ist die Situation anders. Und es gibt nicht einfach nur einen Schurken namens Google, der die gedruckten Zeitungen um ihr sauer erworbenes (sic!) Geld bringt, aus dem der »Hochqualitätsjournalismus« (so Bernd Kundrun, vormals Vorstandsvorsitzender von Gruner + Jahr) sich finanziert.

Dave Berry und seine Kolumne

Der amerikanische Medienwissenschaftler und Autor Clay Shirky beschreibt in einem bemerkenswerten Essay (Zeitungen – Nachdenken über das Undenkbare), wie die von einer Zeitung angestellten Nachforschungen verliefen, als die populäre Kolumne des Humoristen und Pulitzer-Preisträgers Dave Berry unerlaubt im Internet verbreitet wurde. So fanden sich im Netz unter anderem eine eigene Dave-Berry-Newsgroup und eine Mailingliste, die von ein paar tausend Leuten gelesen wurde. Und es fand sich ein Teenager aus dem mittleren Westen, der die Kolumnen von Hand im Internet verbreitete. Er liebte die Sachen von Berry so sehr, dass er dafür zu sorgen versuchte, dass möglichst jeder sie lesen konnte.

Shirky erinnert sich an eine Bemerkung des damaligen Online-Chefs der *New York Times*, Gordy Thompson, zu diesem Phänomen: »Wenn ein 14-jähriger Junge dein Business in seiner Freizeit hochgehen lassen kann – und zwar nicht, weil er dich hasst, sondern weil er dich liebt –, dann hast du ein Problem.«

User als Rosinenpicker

Und es ist nicht das einzige Problem, mit dem Journalisten und ihre Verleger nun zu kämpfen haben. Ein weiterer dramatischer Effekt des digitalen Verbreitungsmediums Internet ist, dass es etliche herkömmliche Methoden der Bündelung kultureller Einzelteile wieder in ihre Elemente zerlegt. Musiker waren die Ersten, die das Phänomen am eigenen Leib zu spüren bekamen. Ihre klassische Bündelungsform, das Album, hat im Internet praktisch aufgehört zu existieren, die User sind zu Rosinenpickern geworden und holen sich nur noch einzelne Tracks, die ihnen gefallen. Film- und Fernsehleute sehen es an der Partikularisierung langer Lichtspiele, die in zwei, drei Minuten lange YouTube-Clips zerfallen, die dann in Blogs neu gemischt und zusammengestellt wieder auftauchen.

Auch die Struktur, in der die verschiedenen Aspekte der Welt bisher in einer gedruckten Zeitung vor uns ausgebreitet wurden, löst sich im Netz auf. Schon auf den Online-Ablegern der altgedienten Blätter werden Texte ersichtlich heftiger zerteilt als in Print – um geldwerte Klicks einzusammeln und Kleinanzeigen oder Teaser-Kästen dazwischenschieben zu können.

Vollends quantenphysikalisch, also voller Unbestimmtheiten, geht es mit journalistischer Arbeit in den neuesten Großstrukturen des Internets zu, den sozialen Netzen. Hier wird deutlich, was sich gerade verändert: aus Massenmedien werden Medienmassen. Man liest nicht mehr eine Tageszeitung und zwei, drei Wochenzeitungen, sondern man steht über Facebook und Twitter mit Freunden und Bekannten in Kontakt, von denen jeder auch andere Publikationen und Blogs liest als man selbst und, wenn er etwas besonders interessant findet, einen Hinweis plus Link auf den Artikel von sich gibt.

Die Summe dieser Empfehlungen, denen man so zu folgen bereit ist, ergibt ein neues Gewebe aus Nachrichten und Unterhaltung, das mit den konventionellen Rubriken der Zeitungen nur noch wenig zu tun hat. Es ist eine Art flüssige Zeitung, es strömt, ist individualisiert und besitzt eine neue, übergeordnete Qualität, die eine einzelne Zeitung prinzipiell nicht leisten kann, eben weil die nur eine ist.

Zeitschriften im Kaffeehaus

Google News ist das heißumfehdete Lieblingsbeispiel vieler Verleger und Journalisten, wenn es um die neuen, kulturellen Molekülverbindungen geht, die sich im Internet aus dem atomisierten herkömmlichen Material formen lassen. Das Prinzip ist schon bedeutend älter und auch nicht an das Internet gebunden: Als Österreicher habe ich früh schätzen gelernt, dass man, wenn einem der Kauf mehrerer Tages- und Wochenzeitungen zu teuer ist, einfach in ein Kaffeehaus gehen kann, wo man für den Kaffee ein bisschen mehr ausgibt als zu Haus, dafür aber eine umfassende Auswahl an Presseerzeugnissen ausliegt.

Im Netz, wo nun die gesamte Weltpresse ausliegt, erhält das Auswählen, verbunden mit Kurzfassungen, eine neue Qualität. Was Google News im Großen und Websites wie die Perlentaucher im kleineren Maßstab tun, ist: Sie schenken dem interessierten Leser Lebenszeit. Überinformation ist der Smog des Informationszeitalters. Je kompakter und intelligenter jemand heute Information aufbereitet, desto wertvoller wird sein Beitrag. Wer wüsste das besser als ein Journalist? Es wird auch weiterhin erstklassige Reporter und Autoren geben, die uns mit klaren Blicken auf die Welt versorgen. Die Zeit, in der Journalismus nur von einer begrenzten Berufsgruppe ausgeübt wurde, geht jedoch zu Ende. In der Internet-Ära sind wir alle dazu verdammt, Journalisten zu sein.

Nun geht es um Fragen wie die, was eigentlich freie Meinungsäußerung bedeutet, wenn sie plötzlich tatsächlich stattfindet – nicht mehr nur handverlesen auf Leserbriefseiten oder in repräsentativen Debatten, sondern wenn plötzlich haufenweise und ungebremst drauflosgemeint wird. In Kommentarfächern und Foren wird etwas Neues erlebbar, etwas Schönes und Schauerliches, nämlich die unrasierten und ungewaschenen Formen von Meinungsäußerung. Das ist anstrengend. Nennen wir es Arbyte.

Journalismus ist die zivilisierteste Form von Widerstand. So groß kann keine Krise sein, dass er verschwände.

Ein Leben voll gefilterter Luft

Instant-Journalismus breitet sich aus. Es gibt eine Kette von Fehlschlägen, in der Politik und den Medien. Konsequenz: Die klassischen Funktionen von Kritik und Kontrolle durch die Medien müssen reklamiert werden.

Von Thomas Leif

© SWR

Prof. Dr. Thomas Leif, Chefreporter Fernsehen SWR Mainz und Vorsitzender netzwerk recherche (nr), moderiert die SWR-Politik-talkshow *2+Leif* in Berlin.

Es kommt immer darauf an, von welcher Perspektive aus man die deutsche Medienlandschaft mustert. Einerseits rangiert der deutsche Journalismus mit seinen Spitzenprodukten aller Genres sicher ganz Oben in Europa und der Welt. Die *Süddeutsche* und die *FAZ*, der *Spiegel*, die *Zeit* und der *Stern*, der Deutschlandfunk und viele erstklassige Angebote nicht nur in den zweiten Hörfunkwellen, Magazine und Features in den TV-Randzonen, dazu ausgesuchte Online-Angebote und ein gutes Dutzend seriöse Regionalzeitungen: Wer viel Zeit hat und sich durch diesen Luxus-Dschungel schlägt, hat keinen Grund zur Klage. Aber machen wir uns keine Illusionen, wie intensiv dieser Premium-Journalismus genutzt wird? Die frischen Ergebnisse aus der Marktforschung über die tatsächliche Nutzung dieser Qualitätsangebote oder die Verweildauer bei anspruchsvollen Programmen führen die Nutzer dieser Daten in ein tiefes Tal der Depression.

PR der Medienberater – »Regeln in Blattgold«

Aber – ohne die Substanz dieser Rohstofflieferanten, ohne die hier gesetzten Maßstäbe und Impulse würde die (restliche) deutsche Medienlandschaft nicht viel mehr bieten als die »Kommentierung von Marketing« und das Recycling von Fremdmaterial. Kein Zweifel: Viele Medienproduzenten leben von gefilterter Luft, verstehen sich als Textmanager von zugelieferten »Content«, als Experten für suchmaschinenoptimierte Überschriften und als begnadete Teaser-Texter. In den sieben (internen) Regeln einer öffentlich-rechtlichen Hörfunkwelle verbirgt sich in denkbar knappster Form das Glaubensbekenntnis einer verkümmerten Profession: »Mache es spannend«, heißt es da im Stakkato. »Erst Earcatcher, dann Thema, dann Mehrwert/Weiterdreh. Möglichst nur ein Aspekt, ein Thema – es muss nicht das ›wichtigste‹ sein. Mehrwert direkt nennen, keine Rätsel, keine Ironie, nicht um die Ecke denken.«

Diese Teaser-»Regeln in Blattgold«, inspiriert von externen Beratern, die erst den Hörfunk und dann die Zeitungen heimgesucht und planiert haben, illustrieren den langsamen Wandel des Journalismus vom Beruf zur Tätigkeit. Diese journalistische Welt lebt vom Hörensagen im Büro, braucht kein Telefon, keine eigenen

Beobachtungen, keine belastbaren Informanten und keine Berührung mit der rauen Realität. Eine besondere Art von Instant-Journalismus aus zweiter Hand breitet sich immer weiter aus. In dieser Welt geht es um die Herstellung von »Aufregern« und »Nachrichten mit Gesprächswert«, um »news to use«, um die Bedienung aufwändig ermittelter Unterhaltungsbedürfnisse der Nachrichtenkunden. Es geht nicht mehr um das »Wichtigste«. Die klassischen Nachrichtenfaktoren stehen zwar noch in den Lehrbüchern, in der Praxis sind sie längst im Copy-and-Paste-Sog untergegangen. Die Umkehr der Wichtigkeiten, die Faszination des Boulevards und des Tabubruchs, verbunden mit einem hysterischen Alarmismus und angetrieben von einer zum Teil irrwitzigen Tempospirale ist oft und von Vielen beklagt worden. Geändert hat sich trotz aller gut dokumentierten Diagnosen nichts.

Kritik und Kontrolle – die Renaissance der alten Tugenden

Horst Köhlers Redenschreiber beobachten das Berliner Treibhaus, die Melange von Medien und Politik, die wechselseitige Verachtung von Journalisten und Politikern sehr genau. Deshalb kritisierte der Ex-Bundespräsident Mitte Mai die Arbeit der Medien erneut sehr scharf. Sie würden Politik als »Kette von Fehlschlägen und als Intrigantenstadl« vermitteln. Diese Sätze bei der Einführungsrede für den neuen Präsidenten des Bundesverfassungsgerichtes in Karlsruhe fanden natürlich keine Resonanz – nicht einmal in den Agenturen.

Ähnlich erging es Köhler mit seiner bemerkenswerten Rede anlässlich des Jubiläums der Bundespressekonferenz. Hier knüpfte er an die Medienkritik seiner Vorgänger Rau und von Weizsäcker an. Fundamentale Medienkritik dieser Art gehört mittlerweile zum guten Ton der Berliner Republik, wird aber ignoriert. Denn der Bundespräsident folgt –wie viele seiner Kollegen der politischen Klasse – einem grundlegenden Irrtum, wenn es um die selbstkritische Reflexion ihrer »(Nicht)-Entscheidungsprozesse geht. Handelt es sich bei den hunderte Milliarden schweren Euro-Rettungspaketen in letzter Minute nicht um eine »Kette von Fehlschlägen«? Wer hat wann die Finanzmärkte dereguliert und die absurdesten Geschäftsmodelle per Gesetz legitimiert? Gab es ein funktionierendes Frühwarnsystem? Wurden die von der Finanz-Lobby selbst getexteten Gesetze tatsächlich frühzeitig kritisiert? Wurden in diesem Zusammenhang die »Entparlamentarisierung des Parlaments« und die stetig wachsende Zahl von politikverachtenden Nichtwählern von den Medien überhaupt wahrgenommen?

Ähnliche Fragen könnte der Bundespräsident bezogen auf die Berichterstattung aller Medien über die öffentlich weitgehend verdrängten Machtmechanismen in Europa stellen. Etwa 70 Prozent aller relevanten politischen Entscheidungen fallen in Brüssel, so die übereinstimmende Bewertung erfahrener Wissenschaftler, Staatssekretäre und sogar des wissenschaftlichen Dienstes des Deutschen Bundestages. Aber sind in Brüssel auch 70 Prozent aller journalistischen Ressourcen konzentriert? Die hier zu verortende »Kette von Fehlschlägen« der Politik wird vom Gros der Medien nicht oder nur sehr verspätet aufgegriffen und rasch von »wichtigeren« Themenkonjunkturen abgelöst. Brüssel ist heute journalistisches Notstandsgebiet, ohne dass Verleger, Sendeverantwortliche und Medienkonzerne dies erkannt hätten. Die Kommunikationswissenschaftlerin Claudia Huber hat diese Defizite bereits Ende 2007 in ihrer Studie »Black Box Brüssel«[1] kompakt zusammengetragen. Was kann man aus dieser »Kette von Fehlschlägen« lernen?

Die klassischen Funktionen von Kritik und Kontrolle durch die Medien müssten reanimiert und gepflegt werden. Diese Kernaufgaben eines sicheren Frühwarnsystems und eines effektiven Kontrollfilters im parlamentarischen Prozeß sind übrigens die Grundlage für die verfassungsrechtlich garantierten Privilegien der Medien. Nur – warum brauchen viele Journalisten überhaupt Informantenschutz, wenn ihr bester Informant der Pressesprecher mit seinen konfektionierten Botschaften ist? Christian Bommarius, leitender Redakteur der *Berliner Zeitung*, hat diese Entwicklung treffend auf den Punkt gebracht: »Der Journalismus leidet nicht an fehlendem Geld, sondern an fehlendem Journalismus.«

---

1 Die Studie »Black Box Brüssel« von Claudia Huber kann kostenfrei unter www.mediendisput.de heruntergeladen werden.

Werttreiber Recherche: Wo Gefahr ist, wächst das Rettende

Knapp 40 Prozent der Deutschen sagen in einer seriösen Allensbach-Umfrage, dass sie die vielen Medien-Angebote in Print, Online, Fernsehen und Hörfunk verwirren. Die Orientierung über das wirklich Wichtige werde ihnen dadurch erschwert.

Diese Orientierungsleistung, die auf klaren Kriterien beruhende Trennung von Wichtigem und Unwichtigem, die auf Fachkompetenz und Reflexion beruhende Einordnung von Nachrichten sowie die Anreicherung mit Hintergrundwissen und erfahrungsgesättigter Bewertung von Vorgängen ist eigentlich das Kerngeschäft des Journalismus. Offenbar gibt es ein Bedürfnis »Informationen zu verstehen«, auf überprüfte Informationen zu vertrauen, um überhaupt noch mitreden zu können.

Dieser zu oft vernachlässigte Auftrag des Journalismus kann nur erfüllt werden, wenn die Recherchekultur in Deutschland wiederbelebt und in der Praxis gefördert wird. Eine solide Recherche und gründliche Quellenprüfung ist der beste Filter zur Trennung von wichtigen und unwichtigen Informationen. Halbgares, PR-infiziertes, inszeniertes und auf Pseudo-Expertise beruhendes Informationsmaterial könnte mit Hilfe sorgfältiger Recherche gefiltert werden. Die Deutsche Presse Agentur (dpa) hat jüngst – angestoßen von ernstzunehmenden Pannen – durch ein Bündel von Dienstanweisungen, Empfehlungen und Kontrollfiltern auf die zunehmende Kannibalisierung des Journalismus von außen reagiert. Der sieben-seitige Text des neuen Chefredakteurs Wolfgang Büchner könnte ein Master-Plan für alle Medien sein. Zudem sollte der Text als Tischvorlage die nächste Klausur des Deutsche Presserates beflügeln. Denn die in Fragen der Qualitätssicherung zögerlichen Journalistenverbände und Verleger müssten nichts Neues erfinden. Sie könnten nach einer intensiven Diskussion das Beste aus dem dpa-Papier in den dringend renovierungsbedürftigen Pressekodex übernehmen.

Würden die von dpa aufgestellten neuen Leitplanken dann vom *Schwäbischen Tagblatt* bis zu *Spiegel Online* in die Praxis übersetzt, hätten sowohl der Bundespräsident als auch die vom Allensbach-Institut befragten Bürger – pardon Kunden – künftig weniger Grund zu klagen. Kontaminierte Stoffe würden mit dem vorgeschlagenen Kontrollinstrumentarium frühzeitig durch die redaktionelle Kläranlage geschickt. Der alte Grundsatz »be first, but first be right« wäre dann mehr als ein Spruch, den die Referenten in die Reden schreiben.

Weißbuch Medienqualität

Kein Zweifel: Die (Nicht)-Berichterstattung der Medien in den sogenannten »Postdemokratien«, in denen das »Primat der Politik« längst aufgegeben wurde, gewinnt für die demokratische Lebensqualität enorm an Bedeutung. Öffentlichkeit und Transparenz werden zu entscheidenden Prothesen für eine funktionierende Zivilgesellschaft.

Um diesen wichtigen Aufgaben gerecht zu werden, müsste die unterentwickelte Fähigkeit zur (Selbst)-Reflexion in den Medien allerdings befördert werden werden. Dies könnte auch die Medienkritik leisten. In Deutschland ist sie allerdings quantitativ und qualitativ überfordert. Wer lässt sich schon gerne auf den eigenen Medienseiten oder Nischen-Sendungen kritisieren?

Zieht man TV-Kritiken, Medien-Gossip, ein paar Bilanzzahlen sowie Promi-Portraits ab, bleibt nicht mehr allzu viel von den Medienseiten und der ohnehin denkbar knappen öffentlich-rechtlichen Berichterstattung in den Randzonen. Statt teure, nicht kontrollierende Landesmedienanstalten zu unterhalten, die ständig auf der Suche nach sinnvollen Aufgaben sind, sollte in einen gut ausgestatteten Medienjournalismus investiert werden.

Eine weitere, innovative Reflexionsinstanz könnte hilfreich sein.

Beim Bundespräsidenten sollte ein unabhängiger Kreis von erfahrenen Journalisten, (Alt)-Verlegern, ausgewiesenen Wissenschaftlern und echten Experten eingerichtet werden. Dieser Rat sollte einmal im Jahr einen »Bericht zur Lage der Medien« vorlegen. Ihr gründlich und unabhängig ausgearbeitetes »Weißbuch« könnte als Reflexionsspeicher dienen, Fehlentwicklungen in den Medien benennen, problematische Tendenzen aufspüren, Konzern-Bilanzen prüfen und gefährliche Konzentrationsprozesse publizieren. Und schließlich würde dann wenigstens einmal im Jahr die für ein interessiertes Publikum entscheidende Frage beantwortet: »Wozu noch Journalismus?«.

Selbstversuch mit Stoppuhr

Reporter haben kein Gratisbier zu verschenken – denn Journalismus der nichts kostet, ist nichts wert. Sechs Anmerkungen, wie man Qualitätsjournalismus retten könnte.

Von Stephan Ruß-Mohl

© privat

Stephan Ruß-Mohl, Jahrgang 1950, ist Professor für Journalistik und Medienmanagement an der Università della Svizzera italiana in Lugano und leitet dort das European Journalism Observatory (www.ejo.ch).

Am besten wohl, wir tun, was Karl Marx getan hätte, und stellen die Dinge erst einmal vom Kopf auf die Füße. Beginnen wir also mit der Ökonomie und sorgen für Transparenz, indem wir gleich zu Anfang das bestgehütete Redaktionsgeheimnis lüften: Das Honorar für diesen Beitrag ist nicht der Rede wert, liegt weiter unter dem Satz, der bei der Printausgabe üblich ist.

Immerhin wurde ich angefragt, der *Süddeutschen,* bitte schön, einen Text von 8000 bis 10 000 Zeichen zu liefern – das sind drei bis vier Schreibmaschinen-Seiten. Hand und Fuß haben soll das kostbare Stück natürlich auch, denn *sueddeutsche.de* ist und bleibt ja online die *Süddeutsche Zeitung* und ist nicht der *Hintertupfinger Kreisanzeiger* und auch nicht das *Goldene Blatt,* das sich im übrigen niemals getrauen würde, solch ein Honorarangebot zu unterbreiten. Im Klartext heißt das: Es ist eine außerordentliche Ehre, für *sueddeutsche.de* schreiben zu dürfen.

Letztendlich vertrauen wir doch

Wozu noch Ärzte? Wozu noch Rechtsanwälte? Vermutlich würden wir einen Beitrag, der mit solch einer Frage beginnt, nicht weiterlesen. Nur wenige von uns würden sich jedenfalls bei einer Blinddarmreizung einem Quacksalber anvertrauen oder auf die Idee kommen, sich ohne rechtskundigen Beistand vor Gericht zu verteidigen, wenn Freiheitsentzug oder eine hohe Geldstrafe drohen.

Gewiss, wir nutzen auch andere Informationsquellen, seien das die alten Medien oder das Internet, um uns medizinische oder rechtliche Kenntnisse zu verschaffen. Wir möchten uns den Profis ja nicht völlig ausliefern und ihnen zumindest kritische Fragen stellen können. Aber letztlich vertrauen wir ihnen eben doch.

Wozu noch Journalismus? Analog zu den Ärzten und Rechtsanwälten sollte sich eigentlich auch diese Frage wie von selbst beantworten. Gerade im Zeitalter des Informationsüberflusses, in dem jeder von uns tagtäglich mit so viel Infomüll zugeschüttet wird, brauchen wir professionelle Aufbereitung von Nachrichten mehr denn je. Das Relevante ist vom bloß Interessanten oder gar Unnützen zu scheiden. Ins Dickicht der interessengesteuerten, einseitigen »Gratis«-Kommunikationsangebote der PR-Profis sind außerdem Schneisen zu schlagen.

Wir brauchen zudem »Muckraker« – Staubaufwirbler. So heißen in Amerika Journalisten, die dort herumwühlen, wo die Mächtigen und ihre Heerscharen von Öffentlichkeitsarbeitern und Spindoctors ihr Bestes geben, um Dinge »unter der Decke« zu halten. Dass die Medien als »vierte Gewalt« gelegentlich Skandale und Machenschaften ins öffentliche Rampenlicht zerren, ist – neben der Justiz – noch immer der wirksamste Versicherungsschutz gegen Korruption und Machtmissbrauch.

Bierdosen verschenken

Mit einem vergleichbaren Vertrauensvorschuss wie Ärzte oder Rechtsanwälte können Journalisten allerdings nicht mehr rechnen. Bei der Allensbach-Umfrage nach dem Ansehen von Berufen rangieren Journalisten seit Jahren auf den hinteren Rängen. Und Studien zur Glaubwürdigkeit von Massenmedien belegen regelmäßig, dass diese seit Jahrzehnten abnimmt. Womöglich ist die sinkende Zahlungsbereitschaft der Publika für Journalismus ja eine Art Quittung für dessen Glaubwürdigkeitsverluste. Auch Ärzten oder Rechtsanwälten, denen wir nicht vertrauen, bezahlen wir ja eher ungern ihre Rechnungen.

Wozu noch Journalismus? Die Frage ist schlichtweg falsch gestellt. Die viel wichtigere Frage lautet: Wer ist bereit, für das Öko-System Journalismus, das für das Gemeinwesen unentbehrlich ist und das wir alle brauchen, wie viel zu bezahlen? Und wer lebt derzeit als Trittbrettfahrer von journalistischen Leistungen, für die er nichts bezahlt?

In jüngster Zeit ist es komischerweise in Mode gekommen, die Medienbranche mit der Getränkeindustrie zu vergleichen.

Mathias Döpfner, Vorstandschef der Springer AG, hat bei den Münchner Medientagen Nachrichten mit Bier verglichen: »Wenn es Ihre geschäftliche Entscheidung ist, Bierdosen zu verschenken – bitteschön«, sagte er, an Blogger, soziale Netzwerke und Suchmaschinen-Betreiber gewandt. »Aber nehmen Sie nicht unser Bier und offerieren Sie es gratis.«

Ariana Huffington, deren überaus erfolgreiche Online-Zeitung *Huffington Post* exakt auf dem von Döpfner kritisierten Geschäftsmodell beruht, hält dies für »einen bizarren Vergleich«: Information sei nun einmal kein Produkt wie Bier, das nur ein einziges Mal und von einem einzigen Menschen genutzt werden könne. »Wer eine news story konsumiert, kann einer von Millionen sein.« Weil sich alle oder zumindest viele dieselbe Story teilten, sei Döpfners Vergleich »unbrauchbar und verleite zu falschen Schlussfolgerungen«.

Das Problem ist, dass beide ein bisschen recht haben – oder vielleicht ja auch keiner von beiden. Der Erfolg der Huffington Post basiert weitgehend auf dem, was Ökonomen als Trittbrettfahren bezeichnen. Sie verwertet Inhalte weiter, die andere für teures Geld erstellt haben. Das funktioniert indes nur, weil die »alten« Medien bisher ihrerseits auf das wahnwitzige Geschäftsmodell vertraut haben, ihre Nachrichten im Internet gratis zu verteilen, während sie weiterhin dieselben Inhalte gedruckt verkaufen wollen. Das erinnert in der Tat an ein Brauereiunternehmen, das versucht, Bier in Flaschen zu steigenden Preisen an den Mann zu bringen, während es denselben Gerstensaft, in Alu-Dosen abgefüllt, massenweise verschenkt.

Vorschläge zum Überleben

Ich möchte deshalb vom Elfenbeinturm-Ausguck des Medienforschers Verlegern und Journalisten sechs Vorschläge unterbreiten, die dazu beitragen könnten, dass wir, die Publika, weiterhin Qualitätsjournalismus nachfragen und Letzterer somit im Zeitalter des Web 2.0 überleben kann.

1) Verleger sollten nicht Inhalte online verschenken, die sie in gedruckter Form verkaufen möchten.

2) Sie sollten nicht darauf vertrauen, dass sich Journalismus gänzlich oder überwiegend aus Werbung finanzieren lässt. Werbung wandert zwar mit den Publika ins Internet, aber nicht zwingend zu den Newssites. Vor allem das Geschäft mit Kleinanzeigen wird online auch im deutschsprachigen Raum wegbrechen. Craigslist und Kijiji lassen grüßen – dort können Privatpersonen gratis inserieren.

3) Preisvorteile, die sich durch Online-Vertrieb ergeben, sollten Verleger an uns, die Publika, weitergeben. Wer Kosten für Druck, Papier und Zustellung einspart, sollte Kunden daran teil-

haben lassen, die auf das Druckerzeugnis verzichten. Ein Online-Abo sollte weniger kosten als ein Print-Abo. Murdochs Preis für die Online-Version der Times, die genauso viel kosten soll wie die gedruckte Ausgabe, ist vermutlich zu teuer.

4) Qualitätsbewusste Verleger sollten die Schleusen für PR eher dicht machen, als sie durch Abbau ihrer Redaktionen weiter zu öffnen. Denn auch die Kommunikationsverantwortlichen auf der Gegenseite sind kühle Rechner: Warum für teure Werbung bezahlen, solange man viele Botschaften kostengünstig und glaubwürdig über Redaktionen an seine Zielgruppen herantragen kann? Und wir, die Leser, Hörer, Zuschauer und User sind auch nicht blöd: Wir sehen nicht ein, weshalb wir für PR-Botschaften bezahlen sollen, die per Mouseclick in »Journalismus« verwandelt wurden.

5) Verleger sollten für journalistische Plattformen sorgen, auf denen über Medien und journalistische Produkte berichtet und diskutiert wird, statt nur in Werbung und PR für ihre Häuser, Marken und Produkte zu investieren. Qualitätsbewusstsein – und damit auch Zahlungsbereitschaft für Medienprodukte – entsteht bei uns, den Publika, wenn überhaupt, durch verlässliche Information über Medien und Journalismus, jedenfalls nicht allein durch Werbung und PR. Wie viele Autos weniger würden Premium-Anbieter wie Daimler, BMW, Audi oder Porsche verkaufen, gäbe es keine Auto-Seiten, keine Motorpresse und keine Formel-1-Berichterstattung?

Den Medienjournalismus zurückgefahren zu haben, mag zwar gesundem persönlichem Eigeninteresse der Mediengewaltigen entsprechen. Kein Verleger oder Chefredakteur möchte öffentlich so vorgeführt werden, wie die eigene Redaktion tagtäglich Politiker und CEOs aus anderen Branchen an den Pranger stellt. Wer indes zu schneidig seine Eigeninteressen verfolgt, verhält sich fahrlässig gegenüber dem eigenen Unternehmen und seiner Branche – da unterscheiden sich Banker, die um ihre Boni kämpfen, nur wenig von Chefredakteuren und anderen Medienmachern, die sich aus der Öffentlichkeit heraushalten wollen.

6) Im Netz, wo alle Medien konvergieren und Nachrichten-websites künftig neben Texten und Bildern auch Podcasts und Videos anbieten müssen, wird der öffentlich-rechtliche Rundfunk zu einem übermächtigen Wettbewerber. Verleger und Print-Journalisten sollten diesen Supertanker nicht länger unterschätzen, so

wie sie lange Zeit Google und Craigslist unterschätzt haben. Wir brauchen auch mehr Medienjournalismus, um eine gerechtere Verteilung der Gebührenmilliarden zu erreichen: Wenn schon solche Subventionen, dann weniger für Sportrechte, Seifenopern und Gottschalk-Shows, die sich auch übers Privatfernsehen finanzieren ließen – und stattdessen mehr Gebührengelder für Qualitätsjournalismus, egal ob er im Radio, Fernsehen, Printmedien oder online stattfindet.

Lehren aus dem Fall Brender

Es bleiben indes Zweifel, ob Gebühren überhaupt der richtige Weg sind. Die öffentliche Hand ist nicht der bessere Arbeitgeber – nicht bei den Banken, wo durch falsche staatliche Anreize und durch die Landesbanken vermutlich mehr Geld versenkt wurde als im privaten Sektor, und auch nicht bei den Medienunternehmen. Der öffentlich-rechtliche Rundfunk produziert zu teuer.

Außerdem – so hat der Fall Brender im ZDF gerade wieder gelehrt – versuchen Politiker dort über Gebühr(en) hartnäckig auf Journalismus Einfluss zu nehmen. Es ist weiterhin zumutbar, dass Jürgen Habermas, der vor nicht allzu langer Zeit für gebührenfinanzierte Printmedien plädiert hat, seine Zeitung selber bezahlt – und mit ihm die Bildungseliten, die auf Qualitätsjournalismus Wert legen. Die Steuergroschen des Facharbeiters, der *Bild-Zeitung* liest und RTL guckt, sind nicht nötig, um die Redaktionen von *sueddeutsche.de* oder auch des Mutterblatts *Süddeutsche Zeitung* am Leben zu erhalten.

Zur Professionalität, zum Beruf des Journalisten gehört Unabhängigkeit und – ja, auch: ein bisschen Stolz. Nicht zu verwechseln mit Arroganz und Dünkel, die leider in der Zunft ebenfalls sehr verbreitet sind. Unabhängigkeit und Stolz sind mit dem nicht vereinbar, was die Branche derzeit ihren festangestellten Mitarbeitern zumutet und wie kümmerlich sie freie Journalisten honoriert. Wenn wir professionellen Journalismus erhalten wollen, gilt es deshalb, der Gratis-Kultur eine Kultur der Fairness entgegensetzen. Das ist kein leichtes, aber ein lohnendes Unterfangen.

Journalismus, der nichts kostet, ist jedenfalls nichts wert. Journalismus, der diese Basiseinsicht seinen Lesern, Hörern, Zuschauern und Usern nicht zu vermitteln vermag, macht sich selbst überflüssig …

Zehn Stunden für diesen Beitrag

PS: Ich habe im Selbstversuch mit der Stoppuhr aufgezeichnet, wie lange ich am gewünschten Stück gearbeitet habe: Es hat circa zehn Stunden gedauert, diesen Beitrag zu erstellen. Ein paar Textpassagen, das sei gestanden, habe ich aus früheren Publikationen recycelt. Eine weitere halbe Stunde lang habe ich den Beitrag auf Wunsch der Redaktion überarbeitet. Hätte ein Journalist recherchiert und nicht ein Professor auf sein Wissen und seine eigenen Vorleistungen zugreifen können, wäre vielleicht ein ausgewogeneres Stück mit mehr Quellen entstanden, aber dies hätte vermutlich die Produktionszeit verdoppelt.

Da ich meinen »Marktwert« als Autor nicht ruinieren möchte, sich mein Sendungsbewusstsein in Grenzen hält und ich anders als Paris Hilton auch nicht um Medienaufmerksamkeit giere, füge ich vorsorglich an, dass es sich um ein einmaliges Experiment handelt. Zu diesen Konditionen werde ich hoffentlich keinen Text mehr produzieren. Honorare sind allerdings – vergelt's Gott – nur Nebeneinkünfte für Hochschullehrer; sie können sich dank ihrer privilegierten Stellung auch gelegentlichen Honorarverzicht leisten.

Journalisten sollten indes von dem erzielbaren Stundensatz leben können. Kosten dürfen Beiträge für Online-Redaktionen indes in aller Regel nur so viel, dass jeder Hartz IV-Empfänger im Vergleich dazu wie ein Krösus aussieht.

Dahinter müssen kluge Köpfe stecken

Journalismus droht bei jungen Hochbegabten unattraktiv zu werden: Zu wenig Prestige, zu viel Selbstausbeutung. Dabei verlangt die digitale Revolution neue, spannende Erzählformen. Und das führt nur mit gutem Nachwuchs zum Erfolg.

Von Christian Meier

© privat

Christian Meier, Jahrgang 1971, ist Ressortleiter Digital und Berlin-Korrespondent des Branchendienstes *kressreport*. Er schreibt seit 1999 über die Medienwirtschaft in Deutschland und der Welt.

Anfang Mai 2010 lud das Studienkolleg zu Berlin zu einem Stipendiatentreffen ein. 30 deutsche und internationale Studenten kamen zusammen, um sich von Vertretern aus Politik, Wirtschaft und Kultur erklären zu lassen, wie deren Job im Alltag aussieht, wie ein Einstieg möglich ist und wie es um die Perspektiven in der jeweiligen Branche bestellt ist. Die Medienbranche sollte eine dieser Branchen sein.

Einige Stunden zuvor hatte ich über Facebook auf die Veranstaltung hingewiesen und die Frage gestellt, wie viele von den dort anwesenden, gut ausgebildeten und international denkenden jungen Menschen sich bei der bevorstehenden Veranstaltung wohl überhaupt für Journalismus interessieren würden. »Hoffentlich keiner« hatte kurz darauf ein Freund unter meinen Eintrag gepostet. Nachfrage: »Wieso hoffentlich?« Weil, so antwortete mein Facebook-Freund, es für »gut ausgebildete und international denkende junge Menschen« überhaupt nur etwa 100 Jobs in der Medienbranche gäbe.

Das ist übertrieben. Natürlich gibt es mehr als 100 solcher Jobs, doch richtig ist auch: Im Jahr 2010 stehen die Chancen, einen herausfordernden, vielseitigen und dazu ordentlich bezahlten Journalisten-Job mit Aufstiegschancen zu bekommen, nicht zum Besten. Damit nicht genug: Allein der Einstieg in den Beruf ist in vielen Fällen an Selbstausbeutung gekoppelt. Viele Praktikanten und freie Mitarbeiter sorgen für wenig oder gar kein Gehalt mit ihren Beiträgen dafür, dass die Medien von morgen überhaupt in vollem Umfang gedruckt oder gesendet werden können.

Vor fünf Jahren verdienten laut einer Studie des Journalismus-Professors Siegfried Weischenberg 12.000 freie Journalisten mindestens die Hälfte ihres Gehalts mit journalistischer Arbeit – oder sie steckten die Hälfte ihrer Arbeitszeit in solche Aufträge. 1993 erfüllten dieses Kriterium noch circa 18.000 Freie. Doch Weischenberg und seine Mitautoren wiesen schon 2005 darauf hin, dass die »Dunkelziffer« freier Journalisten in Deutschland sehr groß sein dürfte.

Der Deutsche Journalisten-Verband schätzt die Zahl der Freiberufler auf insgesamt rund 25.000. Ein substantieller Teil dieser Journalisten verdient sein Haupteinkommen (freiwillig oder notgedrungen) demzufolge in anderen Berufen. Wegen sinkender Budgets müssen Freie zudem mit mehreren Medien zusammenarbeiten, um ihren Lebensunterhalt zu bestreiten. Eine weitere Studie im Auftrag des Deutschen Fachjournalistenverbandes konstatierte 2008, dass fast jeder zweite Freiberufler eine weitere Tätigkeit ausübt, oft in Public Relations oder Werbung.

Schon immer überstieg das Angebot die Nachfrage

Ein ganz neues Phänomen ist das freilich nicht. Das Angebot an Arbeitskraft im Journalismus hat die Nachfrage schon immer überstiegen. Die Bewerberzahlen für Journalistenschulen und Volontariate lagen bereits in den wirtschaftlich guten Zeiten um ein Vielfaches höher als die tatsächlich vorhandenen Plätze. Und doch – es hat sich etwas gedreht. Journalismus ist für viele potentielle Bewerber, die noch vor einigen Jahren ohne zu zögern eine Karriere in einem Medienunternehmen angestrebt hätten, kein Karriereberuf mehr.

Vor allem vielversprechende Absolventen, die sich früher in Alphatier-Manier auf Posten als Ressortleiter und Chefredakteure Hoffnungen machen konnten, meiden inzwischen den Journalismus. Sie wechseln auf gutdotierte Stellen in Unternehmensberatungen, Agenturen für Kommunikationsdienstleistungen oder Public Affairs.

Diese Entwicklung vollzieht sich parallel zu einem Brain Drain aus dem Journalismus heraus zu den gerade genannten Arbeitgebern. Der Branche werden also Leistungsträger entzogen und deren möglicher Ersatz wird ihr erst gar nicht zugeführt.

Nun, mag man da einwenden: Um so besser! Wenn die Ehrgeizlinge weg sind, haben die Idealisten wieder eine Chance. Diese These ist vielleicht gar nicht so abwegig, wie sie auf den ersten Blick aussieht. Journalismus braucht Menschen, die es nicht nur auf Karriere und Prestige abgesehen haben. Dennoch ist deutlich spürbar, dass wir uns mitten in einer Fehlentwicklung befinden. Nicht wenige Manager in Medienunternehmen manövrieren sich – aus Sparzwängen, wegen Ignoranz und anderer Gründe – in Sackgassen. Redakteure werden in ihren Berechnungen zu »Content-Befüllern«, wo sie eigentlich hochqualifizierte Analysten, Rechercheure und Ermittler sein sollten. Das Know-how, das viele Journalisten über ihre Berufsjahre hinweg aufbauen, wird von ihren Charts nicht erfasst.

Dabei ist dieses Wissen um das lebendige Kapital, die human resources eines Unternehmens, gerade für ein Medium überlebensnotwendig. Jede Recherche, jedes Interview, auch jede Dienstreise, jede Fortbildung und jeder Auslandsaufenthalt steigern dieses Humankapital. Denn Medien sind vor allem große Wissensspeicher, die es je nach Themenlage anzuzapfen gilt. Derweil ist es teilweise schockierend zu sehen, wie wenig Medien ihre eigenen Mitarbeiter fördern.

Vorsicht, »Brain Drain«

Wer weiß, wie beispielsweise Unternehmensberatungen ihr Personal hegen und pflegen, sieht sich in der Medienbranche einer personalpolitischen Ödnis gegenüber.

Dazu kommt verschärfend, dass so manche Journalisten an der Spitze von Elitemedien den eben prognostizierten Brain Drain nicht so schnell wahrnehmen wie ihre Kollegen bei weniger prestigeträchtigen Medien. Sie bekommen ohnehin nur immer die im Casting-Verfahren durchgesiebte Schar der Top-Nachwuchskräfte präsentiert.

Darum ist es nicht entscheidend, dass es noch genügend Bewerber für immer knapper werdende Ausbildungsstellen als klassisches Einfallstor in den Journalismus gibt. Wichtiger ist die Frage, wer heute überhaupt erst gar nicht mehr in den Journalismus geht. Welche Talente der Branche von vornherein durch die Lappen gehen.

Damit zurück zu den eingangs erwähnten Stipendiaten. Das Interesse, Beiträge zu publizieren, war bei ihnen durchaus vorhanden. Ein wirkliches Anliegen, bei einem Medienunternehmen zu arbeiten, schien aber nur eine einzige Stipendiatin zu haben.

Es ist letztlich kein Zufall, wenn die Akademie der Axel Springer AG mit der Verheißung »Traumberuf Journalist« um Schüler wirbt. Auch dort gehen Tausende von Bewerbungen um wenige Plätze ein, eine spätere Übernahme wird in der Regel nicht garantiert. Aber die Medien merken, dass es wichtig ist, um die richtigen Bewerber zu kämpfen. Sie müssen in den Verteilungskampf um die High Potentials nicht nur im Management, sondern auch bei den Journalisten einsteigen, denn sie bekommen nicht mehr automatisch die Besten eines Jahrgangs zugeführt, ohne dass sie dafür den Finger krumm machen müssen.

Ihr Bonus – eine mehr als abwechslungsreiche Arbeit und die Chance, sich schnell mit hoher Außenwirkung zu profilieren – ist abgelaufen.

Die Charakteristika des Qualitätsjournalismus sind vor allem: Ein Beitrag ist selbst recherchiert, er bezieht sich auf eigene, möglichst verschiedene Quellen und er beschäftigt sich im weitesten Sinn mit gesellschaftsrelevanten Themen. Wenn diese Art von Journalismus eine Zukunft haben soll, muss der Kampf um diese jungen Absolventen geführt und gewonnen werden. Wo die Welt in der Wahrnehmung der Menschen fast täglich komplexer wird, sind mehr denn je Erklärungs-, Einordnungs- und Analysekompetenzen gefordert.

Die Medien leben von Nutzern, die für ihre Produkte bezahlen, und vom Geld jener werbungtreibenden Unternehmen, die diese Nutzer erreichen wollen. In der Printmedienbranche gehen die Käuferzahlen kontinuierlich zurück, damit auch die Vertriebserlöse und letztlich die Werbeerlöse, die sich in der Regel nach Reichweite bemessen. Diejenigen Leser aber, die »ihren« Medien heute weiter ihre kostbare Aufmerksamkeit schenken, sind diejenigen, die am schärfsten darauf achten, dass sie für ihr Geld weiterhin relevante Inhalte geliefert beommen. Sinkt die Qualität, werden auch sie früher oder später abwandern. Es setzt sich eine qualitative Abwärtsspirale in Gang, die schwer aufzuhalten sein wird.

Eine der zurzeit international erfolgreichsten Zeitschriften ist der 1843 gegründete britische Economist. Ähnlich erfolgreich ist das Nachrichtenmagazin Spiegel seit vielen Jahrzehnten, wenn auch hauptsächlich auf den deutschsprachigen Markt beschränkt. Nun muss, kann und sollte nicht jeder Journalist Redakteur dort werden. Aber: Von diesen Medien lernen, heißt Journalismus erfolgreich zu praktizieren. Denn nur die Investition in die klügsten und leidenschaftlichsten Nachwuchskräfte kann ein weiteres Abrutschen der Medienunternehmen verhindern. Nur, wenn Medien sich zu lebendigen Wissensspeichern wandeln, haben sie bei dem Orientierung suchenden Publikum eine Chance.

Die Antwort auf mein Posting bei Facebook hätte also in jedem Fall »Hoffentlich viele« lauten müssen. Der Zynismus hat im Augenblick aber Vorfahrt.

Die Folgen einer ungesunden Hierarchie

Ein zweiter Grund, warum ein Zufluss an exzellentem Nachwuchs wichtig ist, betrifft die Binnenstruktur des Journalismus. Für die meisten der heute Zwanzigjährigen, die in den Journalismus gehen wollen, wäre es unvorstellbar, nicht im Internet ihre Beiträge schreiben zu können. Das Printmedium ist und wird ein Prestigemedium für sie bleiben, in dem auch sie gerne veröffentlicht werden möchten. Doch die Möglichkeit, sich ohne Druck und Vertrieb an ein Publikum wenden zu können und direkt von diesem Rückmeldungen zu erhalten, ist für sie ein essentieller Teil des Berufs. Journalismus ist kein Kanal, kein spezielles Medium, hat keinen Aggregatszustand. Journalismus ist eine Aufgabe.

Die Journalistengenerationen, die vor dem Durchbruch des Internets als Massenmedium ihre Ausbildung genossen und erste Redakteurserfahrungen sammelten, wurden noch in der alten Hierarchie sozialisiert, in der Print- und Onlinewelt sorgfältig voneinander getrennt waren. Wer in der Onlineredaktion arbeitete, hatte weniger Ansehen und das schlechtere Gehalt. Das ist in vielen Medienunternehmen noch immer so. Diese ungesunde Hierarchie kann nur so lange existieren, wie gedruckte Medien profitabel und digitale Medien defizitär sind. Ändern sich die Vorzeichen, wofür alle Indikatoren stehen, übersteigen einmal die teuren Druck- und Vertriebskosten die Einnahmen, gibt es keinen Grund mehr, überkommene Strukturen aufrechtzuerhalten.

Es ist viel geschrieben worden über den Verlust der Deutungshoheit der Printmedien im Zeitalter von Blogs und Social Media. Das sind wichtige Hinweise, aber sie spielen für den Journalismus meines Erachtens keine so große Rolle, wie immer getan wird.

Die großen Geschichten, die Breaking News, die Hintergründe, Reportagen und Interviews finden zum großen Teil immer noch in den Mainstream-Medien statt – bei Zeitungen und Zeitschriften, bei den (öffentlich-rechtlichen) TV- und Radiosendern, auch bei deren Online-Ablegern. Ausnahmen bestätigen die Regel.

Mehr Vielfalt gibt es heute durch das Netz, das ja. Auch viel mehr Meinungen und Analysen. Vielfach beziehen sich Beiträge in diesen neu entstandenen Medienformaten, zu denen auch solche als »Zukunft des Journalismus« gepriesene Websites wie die Huffington Post in den USA gehören, auf das, was andere bereits publiziert haben. Im speziellen Fall der Huffington Post ist zu ergänzen, dass die Website als Sammel-Weblog des Freundes-Netzwerkes der Gründerin Arianna Huffington entstand, in denen viele Nebenbei-Autoren auch unentgeltlich Beiträge lieferten.

Das Kommentieren, Analysieren, Um- und Fortschreiben bereits publizierter Nachrichten ist nichts Außergewöhnliches, es ist normales journalistisches Geschäft. Das digitale Anti-Establishment, als das sich viele Online-Angebote sehen, ist darum eine Ergänzung zur klassischen Medienbranche. Ob Huffington Post oder Washington Post – beide Formate spielen im selben Team, wenn auch auf anderen Positionen. Die teilweise zwanghaft konfrontative Gegenüberstellung zweier Modelle des Journalismus – »offen, digital« gegen »geschlossen, analog« – war ein Irrweg, eine Art Täuschungsmanöver, die von den tatsächlichen Aufgaben abgelenkt hat, vor der Journalismus heute steht.

Und genau diesen Journalismus, der integrativ und nicht ausgrenzend wirkt, gilt es nun in eine inhaltlich und ökonomisch tragfähige Zukunft zu führen. Dazu ist es wichtig, dass Barrieren aufgebrochen werden, ein neues Selbstverständnis entwickelt wird. Journalismus muss sich keineswegs neu erfinden, aber er muss sich neu entdecken.

Erstaunlicherweise könnte dabei neben vielen internen Prozessen ein Impuls von außen helfen. Eine neue Geräteklasse, allen voran das iPad von Apple, könnte dieser Impuls sein. Nun soll es nicht darum gehen, ein einzelnes Produkt in den Himmel zu loben oder dieses nach Art mancher Kollegen zum mythischen Gerät zu verklären. Das iPad steht vor allem für ein Vehikel, das Medienkonsum aller Art spannender machen kann. War das Internet und die Online-Redaktion vielen Print-Journalisten bisher trotz der großen Reichweite nicht fein, nicht ästhetisch genug und nur einen Klick entfernt von unseriösen Inhalten, kann der Typus des Tablet-PC helfen, einen neuen, integrativen Ansatz von Journalismus zu fördern.

Der neue, integrative Journalismus

Integrativ, das bedeutet: alle arbeiten zusammen an einem und für ein Produkt. Nicht nur Redakteure, auch Designer, Entwickler,

Bewegtbild-Spezialisten, Infografiker. Und, nicht zu vergessen: Techniker und Software-Entwickler. Ohne sie wird der Journalismus steckenbleiben auf einer Rotation, die Rost angesetzt hat. Sie müssen gemeinsam neue Erzählformen finden und einen Weg, nicht die immergleichen Themen wiederzukäuen. Differenzierung ist nun wichtig, das Setzen von Kontrapunkten. Ureigene Aufgaben des Journalismus, die teilweise in Vergessenheit geraten sind.

Die Medienunternehmen müssen ihren Beitrag leisten, dass diese neuen Erzählformen entwickelt werden – auch durch eine Investition in ihre Journalisten. Die Förderung des multimedialen Arbeitens mit Text, Ton und Bewegtbild steht ganz oben auf der Liste, die Medien abzuarbeiten haben. Denn in dem Maße, wie Videos, Audio- und andere multimediale Angebote stärker im Internet abgefragt werden, müssen Medien diese Nachfrage befriedigen.

Journalistenschüler und Volontäre müssen die verschiedenen Arbeitstechniken von Beginn an lernen und umsetzen. Nicht jeder guter Schreiber wird auch gute Videos drehen und schneiden, aber er sollte etwas davon verstehen. Einige Verlagshäuser haben diesen Weg der integrierten Ausbildung bereits eingeschlagen, andere haben diesen Schritt noch vor sich.

Falls dieser Weg aber erst gar nicht gegangen wird, droht die bereits erwähnte Abwärtsspirale. Die Suche nach Lebensfreude im System Journalismus führt zu Mitarbeitern, die über Grenzen hinaus denken. Das klingt pathetisch. Praktischer gesagt: Ein funktionierendes Geschäftsmodell für Qualitätsjournalismus ist auf Menschen angewiesen, die gut ausgebildet sind, die Freude an intellektueller Debatte und Bodenhaftung zugleich haben, die global und lokal zugleich denken können und die vor allem Spaß in den Beruf mitbringen. Die Menschen, die sich am Beginn eines Tages darüber wundern, was sie an seinem Ende herausgefunden haben werden.

Die Herausgeber

Dr. Stephan Weichert, Jahrgang 1973, ist Professor für Journalistik und Studiengangleiter an der Macromedia Hochschule für Medien und Kommunikation in Hamburg. Weichert arbeitet als Strategieberater für Zeitungsverlage, Verbände und Stiftungen. Zuletzt erschienen: »Die Meinungsmacher. Über die Verwahrlosung des Hauptstadtjournalismus« (2010; gem. m. Leif Kramp) und »Wozu noch Zeitungen? Wie das Internet die Presse revolutioniert« (V&R, 2009; gem. m. Leif Kramp und Hans-Jürgen Jakobs).

Leif Kramp, Jahrgang 1980, ist Journalist, Medien- und Kommunikationswissenschaftler und arbeitet als Dozent und wissenschaftlicher Mitarbeiter an der Macromedia Hochschule für Medien und Kommunikation. Er ist Autor und Herausgeber mehrerer Fachbücher über Medien und Journalismus.

Hans-Jürgen Jakobs, Jahrgang 1956, ist seit 2007 Chefredakteur des Online-Portals sueddeutsche.de in München. Zuvor war er Redakteur des Nachrichtenmagazins Der Spiegel in Hamburg und Leiter des Medienressorts der Süddeutschen Zeitung. Er ist Mitautor des Buches »Augstein, Springer & Co.« (1990).